教养

女人最高级的魅力是

〔日〕加藤惠美子 著

沈英莉 译

天津出版传媒集团

天津人民出版社

Discover

图书在版编目（CIP）数据

女人最高级的魅力是教养 / （日）加藤惠美子著；
沈英莉译 . -- 天津：天津人民出版社，2020.5（2023.6 重印）
ISBN 978-7-201-15902-7

Ⅰ . ①女… Ⅱ . ①加… ②沈… Ⅲ . ①女性 – 修养 –
通俗读物 Ⅳ . ① B825.5-49

中国版本图书馆 CIP 数据核字 (2020) 第 061136 号
中国版权保护中心图书合同登记号 02-2020-21 号

女 人 最 高 级 的 魅 力 是 教 养

NVREN ZUI GAOJI DE MEILI SHI JIAOYANG

[日] 加藤惠美子 著　沈英莉 译

出　　　版　天津人民出版社
出 版 人　刘　庆
地　　　址　天津市和平区西康路 35 号康岳大厦
邮政编码　300051
邮购电话　（022）23332459
电子信箱　reader@tjrmcbs.com

责任编辑　玮丽斯
监　　　制　黄 利 万 夏
特约编辑　路思维
营销支持　曹莉丽
制版印刷　艺堂印刷（天津）有限公司
经　　　销　新华书店
开　　　本　880 毫米 ×1230 毫米　1/32
印　　　张　10.5
字　　　数　160 千字
版次印次　2020 年 5 月第 1 版　2023 年 6 月第 2 次印刷
定　　　价　59.90 元

前言

礼貌、亲切、善解人意的人深受人们的喜爱。无论是职场还是家庭中，人们不仅需要掌握专业技能的人，更需要具有良好品性的人。良好的品性并非由他人教导习得，而是通过自我教育才可以获得。

人，每年增一岁，却不会随着年龄的增长自然而然地变成熟，也不会有什么人教会我们成熟。我们要通过自己的力量，努力变得成熟。在进入社会、进入职场、被人称呼头衔的过程中，我们可以通过自我教育使自己成熟起来。人，有了教养，才能不断成长、成熟。

日本人被认为彬彬有礼、亲切礼貌、爱干净、勤勉、聪明，这就是教养普及的结果。孩子们喜欢模仿成人，因此教育孩子，只要让孩子模仿优秀的大人就可以了。但教育成人，该如何做好呢？

实际上，对成人而言，"感召濡染"的力量也是非常有效的。我们自己率先成为教养良好的成人，那么身边的人也一定会成为教养良好的成人。

成人不能像孩子似的依赖父母的教育，而是需要进行自我教育。这种教育无关年龄，任何时候都可以开始。因此，成人可以通过自己的力量改变，而不需要借助别人的力量。

通过"改变生活习惯"，就可以很容易地实现成人的教养。制定自身"生活规范"，进一步提高自己，就能逐渐成为优雅的人。

那么，所谓提高自身教养的"生活习惯"有哪些呢？优雅成熟的人所必需的"生活规范"又包括哪些内容呢？

本书集结了这些内容：从职场的行为举止到个人生活，尝试思考怎样经营日常生活，通过简单易行的方法以达到提高自身修养的目的。因此，本书是非常有效地加强自我教育、提高自身教养的实践指南。

首先，我们需要了解，良好的教养是什么？

实际上，一个人具备良好的教养，最为重要的是让别人感觉到有教养而非自己想象的有教养。也就是说，要做到在别人的眼中看起来是"有教养"的。

总的来说，教养并不会因为你迫切想拥有就能获得，而是要不断做出让人认为有教养的行为，才会渐渐养成。这正如，一些人虽然不是天生丽质，但并没有放弃，持续的努力让自己看起来很美，渐渐地也就成了"别人眼中的美人"。

努力地修习吧，提升自己，改变"生活习惯"，成为一个"性格好""外表美丽、五官端正""待人和蔼，沟通自然而顺畅""生活丰富、有技巧、富有魅力"的人，直到让人感觉你毫不做作、教养浑然天成。

身体与精神实为一体，也许你偶尔会遭遇失败，但如果能坚持做下去，身心的边界就会不断扩大。当你看到自身渐渐变化的状态，会感到心情舒畅惬意。只要你不局限于自身，而是将这种状态散发出去，去感召周围的人，身边的环境也会变得更加舒适，你自己也会变得更加优雅、更加有品位。

加藤惠美子

目录

Chapter 2　美的教养

Chapter 3　　培养健康美

健康美　之❶　健康管理
健康管理是日常生活之关键　108

健康美　之❷　美容
不惜努力去变美　116

健康美　之❸　活力
永远保持充沛活力　124

Chapter 4　　修习生活技能

Chapter 5 掌握沟通技巧

沟通技巧 之❶ 谈话的基础
语言和行为是一体的 186

Chapter 6 建立生活规范

Chapter 1

性格教养

虽然每个人的性格有一部分是天生的，但大部分是在成长的过程中养成的。大多数被称为性格的东西，都是通过后天习惯培养出来的。

天生的部分无法轻易改变，但是习惯造就的性格可以通过改变习惯而得到改变。也就是说，改变习惯，就能够改变性格。

首先，告诉自己想要养成怎样的性格；然后，了解什么习惯能够塑造这种性格。如果以想要得到的性格为目标，明确要养成的习惯，就可以每天重复去做。重复是进步的秘诀，也是一种训练。

忘记一直以来认定的"自我形象"，专注于今后想要养成的性格，了解它的好处，熟悉适应新习惯。不断地重复，直到养成新的习惯。

如果能意识到自己一直以来认定的"自我形象"并非天生，而是环境和习惯造就的，就一定能进入状态，培养出好的性格来。

认真培养好的性格吧。拥有了好性格，身心都会变得强大，环境也会自然而然发生变化，人们与你的交往方式也会发生变化，遇到的事情也会不同。

如此，你具备了好的性格，就成了好性格的自己。

那么，所谓的好性格是什么样的呢？我的定义有如下七个方面：大方，纯真，诚实，礼貌，温柔，足够坚韧，给人快乐。本书将首先讲解如何进行自我训练，培养以上七种好性格。

学习文雅、大方的举止

落落大方（沉稳）、稳重（优雅）、从容（不局促）、胸襟开阔（舒展）……这些是我们首先想要拥有的品格。

改变性格虽然不易，但如果能坚持以下行为，至少会让你看起来落落大方。而且，一旦别人觉得你"稳重、大方"，你自己也会产生相同的想法。如果被贴上稳重、大方的标签，大家就会觉得你是个容易相处的人，你也能轻松与他人相处。

Rule 1
乐于接受赞美

　　培养大方的性格，第一个习惯是要在被人赞美时保持良好的行为举止。

　　被他人称赞时，要迅速地表示感谢和高兴，绝不羞怯，不否定、不拒绝。尊重赞美我们的人，不要谦虚地说"哪里哪里"。学会接受称赞，并对对方说"感谢之至""谢谢"或者是"您这么说，我感到非常高兴"。

　　当被称赞时身边还有年龄相仿的同事，则要考虑他们的感受，可以说"是大家帮忙""我和大家一样""我会更加努力，不拖大家的后腿"。如果能做到这些，堪称优秀。

　　千万不要说"我啊，总是被人夸奖"之类的话。

Rule 2

肯定对方

与他人交流时要注视对方，倾听对方，并回以笑容。因为笑容会让对方感觉到"我不是你的敌人"。然后，肯定对方的说法。

学会给他人留有余地，可以说"确实，那也是一个好主意""也会有这种情况啊""是呢"等，这样的话能够让人产生好感，并且不被误解。

有时，你也许会被轻视，被委婉否定。无论哪种情况，对对方的反应都要做到心平气和，就算达到目的了。

即使被人轻视，也不要做出反应，要认为对方并不是在说自己，学会不去在意。即使对方否定自己，也要接受，但不要放在心上。所有事都坦然地接受，偶尔自我反省、反思错误，但不要过度。不感情用事，对方的做法自有他的道理。

对发生在自己身上的事都从好的方面解释，把他人的否定当作是一种激励，这样才是上策。

Rule 3
不胆怯

无论是你第一次遇到的事，还是你初次到访的地方，任何时候都不要胆怯和抱怨，要做到堂堂正正、毅然决然。为此，无论知道与否，不论对谁，首先要清楚而坚定地表达自己的问候。

- 迎接对方时："欢迎。""热烈欢迎。"
- 初次见面时："初次见面。""请您多多关照。"
- 再会时："您好吗？""您看起来很精神。""见到您很高兴。"
- 其他场合："怎么样？""这样可以吗？""拜托您了。""真是过意不去。"

与其耍小聪明、说漂亮话，不如如实地说出自己该说的话。认真问候对方之后，自己的举止行为就能坦坦荡荡。如果对方没有回复，也不要在意，就当对方没注意到。

聚会时，就算刚刚已经问候过了，也要多次颔首致意。微笑面对周围的人，避免因记忆遗漏造成的失礼。

Rule 4
不为处境变化所动

　　不论是状态由好变坏，还是由籍籍无名变得颇有名气，处境发生巨大变化的时候都会突显人性、暴露格局。

　　如果你的经济条件优越或者地位较高，举止落落大方并不那么困难。但如果处境急剧变化时会怎样呢？比如失意不得志、破产、婚变等，这些事我们都可能遇到。这时，平时做好心理准备就显得十分重要了，让你可以冷静地应对变化。当然，周围人对你的看法和相处方式也会发生变化，就算感受到这些也要不为所动，尝试全盘接受。

　　相反，有时人的境遇会往好的方向转变，如事业成功、出人头地、洞房花烛夜等。这时候，周围人对待你的行为举止也会发生变化。但即使感受到对方态度的变化，自己也不要有所改变。你要做的是保持与他人之间的温情，向对方传达自己好的教养。

Rule 5
从竞争心态中解放出来

　　人各有别，每个人都有不同的优点，生活或工作的目标也不尽相同。我们可以相互学习、参考，竞争是无意义的。那些想利用自己的优点和他人比较的人，不过是另有企图。

　　为了想要知道自身的水平，就将他人视为竞争对手，是徒劳无益的。如果你喜欢竞争，那就努力提升自己、赶超自己吧！

　　冷淡且自卑的人，往往好胜心很强。他们之所以反击，是因为试图让自己占据上风。他们之所以表现冷淡、举止强势，是因为觉得这样会使自己看起来"高高在上"、知性而有权威。

　　但实际上，他们的这些做法只是模仿别人而形成的习惯。如果你想改变，你就可以改变。如果要模仿，那就模仿那些看起来很好、很温暖的人吧！

Rule 6
控制情感

　　注意不要在人前过度兴奋。高声说话会产生刺激，让自己兴奋起来。如果你放低声音、说话不急不躁，情绪也会平静下来。你可以静等不愉快的情绪过去，再做出反应。

　　写邮件时，一定要再次检查，删除情绪化的部分，人也能沉稳下来。写日记也一样，写完就删除那些情绪化的内容；如果留下，日后读起来会产生兴奋或厌恶的感觉。如果你想减少身边会让自己讨厌或不愉快的事，具体做法就是"不保留"，并留下那些记录美好的日记。努力为自己制造平静、安稳的环境，你自然就会变得沉稳、大气。

Rule 7
守护荣誉和自豪感

　　荣誉和自豪感都根植于自己的内心，是不容他人侵犯的情感。从自身立足和生存的角度出发，如果你能保护自己想要守护的情感，自然不会失去它，更不会让别人侵犯。

　　首先，要自我认可。反省和努力可以提升自己，但也要经常认可和守护自己，这是培养稳健大方性格的基础。

　　其次，无论何时都要对原本的自己感到自豪。被他人和社会认可也是种荣誉，你要欣然接受并珍视这种荣誉。

纯真的诸多好处

所谓纯真并不是顺从，也不是对他人百依百顺或对任何事都信以为真（包括大众传媒、社交网络等传播的信息），而是要倾听他人的意见，并敞开心扉去接受这些意见。

如果你固执己见，就完全不会进步。改变乖僻心性，重返纯真，你会很容易发现趣事，也容易得到与自己目标相合的信息。

为提升自身品性，我们有必要磨炼自己，但与此同时，保持纯真也是非常重要的。

不逞强，去除修饰，承认原本的自己。敞开心扉，去接受更多吧！

Rule 8
理解父母的爱

　　如果能很好地理解并接受爱，它会成为我们成长的食粮。因为父母之间的情感羁绊，所以我们得以降生，来到这个世界，并以父母为榜样逐渐成长、成熟起来。在这里，重要的不是父母教给我们什么，而是我们在充满爱的环境中感知到了什么。

　　将自己如今的不足归咎于父母的过错，这是错误的想法。认为自己没得到充分的爱，只是因为你没有觉察到爱而已。甚至回想起父母之间的爱，对自己也是有益的。

　　爱很容易传达给纯真之心。能够接受且不抗拒爱的人，才能很好地给予别人爱。

Rule 9

悠然自得，轻松前进

　　面对自己的目标，轻松而专注地前进。如果出于喜欢，无意中开始做一些事情，慢慢地，目标就会显现出来。只要你明确自己的目标和主题，相关信息和机会就会慢慢汇集。你要接受这些，然后去尝试。无论是谁，一开始都会感到困难、不堪重负，感叹自己能力不足，但只要坦诚接受并持续做下去，就可以取得进步。

　　听取别人的意见，以他人为榜样进行学习，这样并不会失去自我。无论是谁，都是通过模仿榜样、听取对方的意见来塑造自己的。如果执拗地认为自己是第一个发现并最先想到的人，只能表明你的格局太小了。从一万多年前的绳文时代[1]绵延至今，存在过的东西太多太多了。

1　绳文时代，即日本旧石器时代后期。国际学术界公认，绳文时代始于公元前 12000 年，终于公元前 300 年，此后日本由旧石器时代进入新石器时代。

Rule 10
感谢生活中的小确幸

能够感谢生活中的小确幸，得益于内心的坦诚、纯真。能够自己创造出幸福的人，本身也是纯真、诚挚的。面对别人的忠告不反驳、不违逆，尝试接受，就能享受内心纯真带来的惬意感受。回答一句"是，您说得对"，能让对方心情愉悦，让对方由衷感受到你内心的纯真、坦诚。

改变自己，你身边的事情也会随之改变。正如感谢和笑容的连锁反应一样，坦诚也会产生连锁反应。如果我们能够坦诚、真挚地相互表达感谢，就会带来好的变化。

保持客观

所谓纯真、坦诚，换句话说，是能够对自己保持客观。

对自己坦诚，即要客观地看待自己。发现问题时，如果一味地责备别人只会让问题复杂起来。不应一味地归罪、责怪别人，而是应该保持客观。在寻找是谁的原因导致失败前，我们要分析问题在哪里，承认问题，作为下次的参考经验。

客观地看待自己和周围的环境，就能发现解决问题的线索。说到底，坦诚真挚，或许就是解决问题的方法之一。

Rule 12
放飞自我

　　在日本，人极其自由。如果觉得还不够，还想要更自由些，便是"灯下也有不明处，身在福中不知福"；这样想是自己束缚自己，是自己让自己感到不自由。放弃这样的执念，放飞自我吧。

　　太过顽固，就难以做到解放自我。太过顽固，就察觉不到不自由。

　　自由自在是纯真、坦诚的特权。

可爱

　　以沙子吸水的姿态去聆听，对方会对你抱有好感，感觉到你的可爱。如果能保持内心的纯真，即便是外表成熟，或者不表现出外在的可爱，大家仍会感觉到你的可爱。真正的纯真会以可爱的方式传达给对方。

　　不矫揉造作，不要失去纯真。让自己的态度、行为和内心都保持"坦诚、纯真"吧!

Rule 14
持续保持好奇心

对身边事物感兴趣，以盎然的兴趣和旺盛的好奇心探索事物和这个时代，也会让人感到纯真、坦诚。我们的好奇心会持续扩展和深入，成为提升自身教养的食粮。

感情丰富、好奇心强的人，常常会遭遇失败。不过，没有人不会失败。当你失败时，不要情绪低落，不沉溺于此，接受现实，那么眼前的失败就会成为日后有益的经验。

诚实是获得信赖的方法

努力让自己成为父母、他人和朋友信赖的人，让他们认为你是个言而有信、说话可靠的人。

诚实是获得信任的方法。所谓诚实是给外人留下的印象，因此我们必须成为看起来很诚实的人。如果能让人感觉到你身上的诚实品质，就会得到他人的信赖，建立高品质的人际关系。

Rule 15
言出必行，说到做到

　　无论事情多小，都要说到做到。这样在别人眼中，你会留下诚实的印象。就算是别人会忘记的小事，自己也一定尽可能不要忘记。

　　简单来说，即便是小事，我们也要遵守约定，在可能的范围内努力达成，而不是说到却做不到。比起结果，我们更需要得到对方的认可。

　　小事也要努力去做，不抱怨。接到指示，即使是小事，我们也要进行相应的汇报。无论事情多麻烦也要接受它、实现它，正因为麻烦我们才要完成。一旦完成，你就会有进步。不半途而废，也不敷衍了事，不找借口，而是不断去努力。

　　如果你的言行能做到一致，大家会对你更加放心。

Rule 16
认真对待

细微小事也要认真对待。以大小去衡量事情伟大与否是错误的。我们工作的价值不在于做什么，而在于是否尽全力去做分配给自己的工作。

Rule 17
认真去做

认真就是不撒谎、不开玩笑、真实，满怀真诚地与他人接触，而不是原封不动地遵守规则和照搬指南。

为此，你事先要明确自己的责任范围和心理预期，在自己的责任及能力范围内酌情处理。你要有这样的决心：自己做不到的，不要轻易承诺；如果答应了，就竭尽全力去做。这样一来，你总能做到遵守约定，认真的品质就会成为你的闪光点。也就是说，你能坚持做到不撒谎、不开玩笑，满怀真诚地与他人接触。

如果你得到别人对你诸如过于认真、没有魅力、太过无聊这样的评价，是因为在表现认真的过程中，有卖弄认真的嫌疑吧。我们要保持认真，但也不要失去快乐和有趣等有魅力的品格。不过，不适当的玩笑还是不开为好。

保持操守和分寸

　　表里如一，问心无愧，即保持操守。首先要做到的是，不背地里大发牢骚，宣泄对他人的不满。如果对方与自己的想法产生分歧，将其看作不同的想法，就能做到不在背后议论。不说谎、不抱怨，同时也有必要巧妙地表达自己真正的想法。

　　在感叹得不到信任之前，要真诚地与对方接触，并且保持分寸，就能体现出自己诚实的品格。让自己时刻保持操守和分寸，不找借口，做到问心无愧。

　　功利、以自我为中心、优越感过强的人，会疏于对他人的敬意。我们不仅要在公开场合帮助别人，私下里也要做到支持别人，这就是最好的美德。如果鲁莽地想要彰显自己，会变得以自我为中心，从而模糊礼仪（规矩）和礼节（伴有真心的敬意）的界线。

Rule 19

保持真心，以诚意相待

　　所谓诚意，是对其他人和所有事都不敷衍，认真地理解、接纳他人，接受事实。要真诚地表现出自己对他人的信任。无论发生什么，都不改变自己的态度，相信并维护对方。

　　就像阅读一篇论文，不要只赞同总论，而反对分论；如果赞同总论，就要接受支撑总论的各个分论点。无论方法如何变化，基本的想法都不会改变。简单来说，就是不随意向他人发泄因心情、身体状况和其他原因而产生的负面情绪。

　　没有自信的人会给人不安和不诚实的感觉。为获得他人的信赖，自信而充满诚意地与他人接触是非常重要的。

Rule 20
体察他人的心情

　　回答对方想了解、想听到的信息，可以让对方放心。做对方希望实现的事，可以传达出自己的诚意。

　　所谓揣度是指猜测对方的想法，并给予对方关照。每个人都期望，接触的人能为人正直、不说谎。

Rule 21
正直

　　像孩子一样纯真，将自己的想法率真地宣之于口，这样做有时是危险的。但如果内心有所准备，不害羞、不隐藏自己的感受，真诚地表达想法，则可以说是一种美。

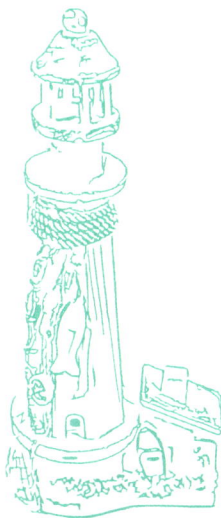

礼貌，是长期行为积累获得的品性

你之所以会感觉事情棘手、没时间、很麻烦，是因为没有实际感觉到礼貌、周到地做事所带来的实惠。

礼貌的情绪和行为能够感染对方，就和笑容一样，会产生连锁反应。我们自己率先以礼相待，对方以及身边的人也会变得礼貌起来。于是，有礼貌的环境会不断扩大。

越是着急的时候，越要有礼貌，越要注意自己是否有疏漏。想培养好性格，先从语言上尊重对方、使用有礼貌的语言开始做起吧！

Rule 22

简洁而有礼貌地回复邮件

　　回复邮件要简洁、有礼貌，时间要尽早。

　　从前人们通过书信往来时，都使用简洁的表达方式；尽管简洁，但表达方式却十分礼貌。回复邮件也是一样。首先要迅速而恰当地做出回复，尊重对方，做到简洁而有礼貌。即使关系亲密，也要有分寸。

Rule 23
简短的寒暄

　　用简短的语言相互交谈。见面时，即使再着急，也要先问候对方，再进入正题。

　　在相互谦让、等待时，或是邻里之间、顺道路过等情况下，即使双方素不相识，也要进行简短的语言交流。

　　如果相互之间是熟人，不仅要问候对方，还要多加一句，告知对方自己的近况。

　　此外，对方生日时也要送上祝福，可以寄生日贺卡或者明信片、发邮件等。一旦发出生日祝福的信息，就产生了相互之间的情感纽带。礼物即使很小，也能增进彼此间的亲密关系。当然，仅是发出贺卡，对方也会很高兴。

Rule 24
整洁的电脑桌面和办公桌面

无论多么忘我地沉浸在工作中，也不要忘记整理电脑桌面和办公桌面。整洁的电脑桌面、办公桌面，会给人留下工作仔细、认真的印象。

如果电脑桌面整洁，人就能迅速投入工作。能够仔细而正确地推进工作，将会缩短工作时间，让人从容起来。

仔细、认真、对人有礼貌，会让人感到很亲切。

Rule 25

多次感谢

　　感谢的话只说一次，是不能很好地传达给对方的。首先，要立即表达感谢，然后间隔一段时间再次表达。这样一来，感谢之情才能最终传达给对方。只在当场表达的感谢，感谢方和被感谢方都会忘记。如果能再三表达，感谢之意就能更好地传达给对方。感谢的次数越多，自己的心情就会越好。

　　你可以把今天说了多少次感谢当作自我训练的小目标。

Rule 26
日常生活要仔细

扫除，也能培养自身仔细的性格。秋天叶落时节，庭院扫除是必须进行的项目。就算不是为了修行或提高自身修养，扫除也是件让人愉快的事，特此强烈推荐。无论是擦银器、擦地板，还是叠衣服，仔细地做事，自己也会变得愉快起来。

练习穿和服也能训练培养仔细的性格。不少人都有和服，可是觉得和服护理、保养起来很麻烦，于是选择不穿，这真的很可惜。和服收起来，并不会变成宝物，反而会造成损坏。穿上和服，日常进行保养护理，才能成为宝物。将和服或叠起或保养，只要养成了习惯，就能很快收拾妥当。一旦养成了习惯，具有了仔细的性格，自己也会更美。

此外，洗餐具、扫除时还可以进行冥想。即使家里有洗碗机，偶尔尝试手洗，也能让自己变得更有活力。

字迹工整

　　毛笔字是一面真实映照自己的镜子。

　　潦草的字迹，反映出的是懒散的自己。比起字的好坏，保持平常心、认真地去写，字也能体现书写者的用心，让人感觉到仔细、认真的性格。如果能被夸为美字，那就更好了。

　　如果写毛笔字的笔法纯熟，那么用圆珠笔写字时更能奋笔疾书。

Rule 28
使用上好的器具

　　使用上好的器具也会让人变得仔细起来。日常用餐时，将自己做的可口饭菜盛放在喜欢的餐具中，既有营养，又能获得好的用餐体验。

　　有的家庭，将餐具分为客人用餐具和日常用餐具，而有的家庭则没有区分。无论哪种情况，都建议大家越是平常使用的餐具越要用上好的。如果使用碎了也不心疼的餐具，动作就会粗枝大叶，自身对事物的鉴赏能力也会降低。

　　"反正会碎掉，用什么盘子都无所谓"，拥有这种想法，是无法培养出丰盈的内心和审美意识的。而且，这种想法也无法让人培养出仔细对待物品的习惯。

　　如果使用上好的器具时发现不了其中的美，或者因为担心损坏而不敢自如地使用，这都是悲剧。

学习礼仪规矩

遵守礼法、礼仪、礼节等约定俗成的事，是培养礼貌教养的捷径。只要掌握礼法、礼仪、礼节等相应的规则，并思考规则背后的原因，就能懂得礼貌的基本内容。

养成好的习惯、有礼貌的行为举止，并不是为了自己，而是为了他人。具备良好的礼貌教养，不是为了不让自己出丑，而是为了不让别人出丑。为了对方而保持礼貌是很重要的，这样做不仅自己会被评价为有礼貌的人，而且接受这种礼貌的人的心情也会更好。

此外，看到不符合礼节的行为，不露出惊讶的表情，而是选择维护对方，这是更高层次的教养。对于他人的难堪，装作没有看见并且不要予以评论，毕竟无论是谁都会有失礼的时候。

维护对方才是绝佳的教养，也可以说是基本的礼貌。

好性格　之❺　温柔

让对方感到温柔，就要真正变得温柔

　　如果我们能深刻地意识到，我们在为一些人做着一些事，就会对自己的存在更有自信。

　　所谓意识到，是要与自己的日常生活和行为相关联，思考为什么要这样做。所谓的体贴和温柔，产生于对各种行为的想象，思考这样做是不是可以被人接受。

　　想让对方感受到自己的温柔，不仅要表现得温柔，还有必要真正变得温柔。这并非难事，谁都有温柔的一面，只要展现出来就好。

Rule 30
学会表达温柔

意识到如何表达温柔，是培养温柔性格的开始。

首先，请确定要对什么表达温柔。试着温柔对待自己，这是培养温柔性格的练习。如果你变得温柔，就会更从容。一旦培养出温柔的性格，每一天都会不同。

其次，必须了解温柔是什么。温柔可以是温和的目光、无条件的亲切、对人和动植物都具有的同情之心，也可以是无意识中流露出的对身边事物的爱怜之心等。

自然而然地微笑，也是温柔。比如看到可爱的小狗跑过来，会不由自主地微笑，就可以说是内心温柔的一种表现。

温柔的语言

表达自己的想法很难。如果不能把自己的想法准确地传达给对方，事情可能就不会有任何进展。将自己的所想用正确的语言表达出来，也是表达温柔的手段。尽可能地通过语言与更多的人分享你的温柔吧！

只要认真倾听对方说话，就能传递出你的温柔。不抱有厌烦的态度，无论什么事都认真倾听并接受，对方就会感觉到被人倾听的温柔。不反驳，只倾听，他人和自己都会变得温柔起来。

掌握更多温柔的语言吧，无论何时，流露出一句温柔话语，会让所有人得到治愈。

Rule 32
看到好的一面

人和事总会有许多遗憾。人会把经历的不幸、痛苦、讨厌的事留在记忆中，从而把这些经验当作生存下去的智慧。有效利用这种经验是十分必要的，但首先必须将这些糟糕的记忆置换为自身的智慧。

比起遗憾，还是让我们记住好的事情吧！人生应该有很多好的事情。只谈好事，你看起来会更温柔，也会努力去发掘人和事好的一面。

只要不以自我为中心，你就能变得温柔。比起占据优势地位、凌驾于对方之上，分享温柔、提高实力更能提高自己。

换位思考与想象力之间的关系

当我们感受到对方的体贴，同时也会传递出温柔。一般我们认为，如果能和他人换位思考，就能做到体贴。所谓"换位思考"，就是想象对方的性格和行为。然而，以自己以外的其他人的角度进行思考，是一件很难的事。

我们能做到的最低限度是，根据现场的情况稍加想象。按照自己想象的，尝试做自己能做的（或许可以说关照对方），就能懂得换位思考。

Rule 34
温柔的语言是终极的亲切

温柔的语言是终极的亲切。为了不让温柔的想法变成多管闲事，我们可以在考虑他人的接受范围和立场的基础上，给予对方力所能及的开导。如果力不能及而徒有亲切，只会让对方感到困扰。

不要强行推销自己的温柔。想要变得亲切，首先要将自己的语言变得温柔而亲切。学会区分不同场合，使用不同的温柔语言，你就是最棒的。

Rule 35
温柔源自从容

对自己正在做的事拥有自信吧！有了自信，你就会心生从容，感受温柔，并能够给予温柔。

对自己以外的其他人，我们可以表达怎样的温柔呢？对残障人士，人们往往会说"我能帮您什么"。但如果告诉患有视觉障碍的人"现在这里有障碍物"，直接将看到的传达给对方，对对方来说就是可贵的信息。

温柔不仅是种想法，更是才智。有才能的人，只要有空就会去做有益于他人的事。

从容与温柔是近邻。与其露出不从容的样子博取同情，不如稍稍降低对事物的要求，学会从容淡定，然后再前进吧！

Rule 36
美的连锁反应

　　技术的发展日新月异，今天的梦想甚至明天就能实现。但与此同时，由于过于依赖技术，我们自身的生存能力正在不断退化。被太多的信息和不确定的事情所左右，人们往往容易迷失自己，越来越多的人感到身心俱疲、烦恼不堪。

　　在这种情况下，能治愈我们心灵的正是——美。让美的东西救赎自己，学会表现温柔，制造出连锁效应吧！

好性格 之❻ 忍耐

想要培养坚韧的性格，
进行内心的锻炼效果会更佳

　　为了不暴露软弱的一面，人们用倔强的态度压抑自己，这样"忍耐"的方式迟早会爆发。请不要忍耐讨厌的事、克制不满的感觉，而是学会忘掉痛苦。

　　与此相对的，为实现愿望，有所收获，就需要必要的"忍耐"。在实现梦想的过程中，也必须忍耐辛苦的事和痛苦的感觉。

　　如果你做任何事很快就感到厌倦，不能持续下去，那是因为耐心不够。而通过不断的训练，忍耐会成为一种能力。如果方向和目标没有弄错，你通过忍耐获得的成果将会更大。

　　忍耐并不轻松。但是请你相信，有才能的人是更能忍耐、更能积累的人。坚持下去就会获得力量。

Rule 37
忍耐力的锻炼方式

坏事和好事都不会持续太久，忍耐也不会那么痛苦。忍耐和克制会在不知不觉中成为习惯。

保持健康，摄取足够的营养，保证充足的睡眠，就不会感觉忍耐的时间那么长。此外，忍耐的习惯可以通过运动的方式进行训练。保持最大的运动量，直到觉得不能再忍，之后再多次锻炼，这样肌肉也可以得到锻炼。

要对大脑说，自己的忍耐还有很大的余地，忍耐力就能变得更强。发掘精神和体力的极限，靠的是自身的才智。

积累小的成就感

如果你厌倦了忍耐，可以通过小的成就感让自己恢复精神，重新振作。无论多么善于忍耐，达到极限后还要继续也是没有意义的。如果必须长期忍耐，中途可以小结一下成绩，就能够因此获得成就感。之后，你可以再次回到原本该忍耐的事情上。

通过小事让心情焕然一新，你就能得到继续忍耐的能量。想象成功的美好，你就能再次回归并继续忍耐。

忍耐是获得成功所必需的因素，也是幸福的开始。

Rule 39
重复

　　不吸取教训，重复同样的失败是种浪费；但重复去做有效的事，却能够锻炼自己的内心。好的事情，通过不断重复，能够得到锤炼和升华。努力去重复和积累，你的内心就会变得从容而平静。重复会给内心带来安定的感觉，帮助我们养成保持内心不乱的习惯（产生定力）。

　　重复的过程会让你发现新的东西或邂逅未知的领域。认真努力，在重复做的过程中，你就能不知不觉产生智慧。

　　半途而废就会兴味索然，还会因此产生牢骚。如果以敷衍的心态重复去做，当别人问起时，你就会想要辩解。不辩解、不抱怨的人，相应地会给人忍耐力足够强的印象。

战胜痛苦

善于忍耐的人会被认为是忍耐力强，而不克制的人会被认为是任性。

不要觉得只有自己痛苦。忍耐力强的人是不吝惜努力的人，任何事都孜孜不倦地进行积累，这是非常孤独又非常需要忍耐力的行为。

相反，大家一起沟通后做决定，是具有现代感而十分有效的方法。大家纷纷发表自己的意见，一起沟通，就能感受到分享的快乐，无论是谁都期望参与其中。

然而，大多数领导者都是不吝惜努力、独自穿越痛苦的人，是独自战胜痛苦的人。

Rule 41
顽强坚持

要专注。想要轻松快乐，或者因为别的事情分散了注意力，就做不到忍耐了。

与其抱怨，不如接受眼前应该忍耐的事情，你就会感到忍耐的时间在变短。

学会忍耐之后，就能思考事情是否具有忍耐的价值，是否还有别的方法。明确自己的体力是否支撑得住以后，就不会做徒劳无益的忍耐。

初学忍耐的人会格外感觉到忍耐的痛苦，甚至会徒劳无益地忍耐。真正有强大毅力的人能够出色地完成很多事，并能将忍耐变为享受，最终达成目标。

Rule 42
持续单纯地做事

感觉痛苦（荒谬）的事，一旦取得一次成功，你就具备了忍耐的基础。是否会得到褒奖姑且不说，持续单纯地做下去，你就能理解其中的意义；忍耐是否有价值暂且不论，但持续做下去，你会产生愉悦的感觉。

尽管不喜欢诸如打扫庭院、擦地板之类的事情，但反复做同样的事，忍耐就会变为快感。思考如何缩短做作业时间、怎样做才更有效率，你会得到诸多发现，也可以从中看到忍耐的价值。

忍耐的同时，你会拥有实现目标的强大意志。这样，你不仅具备了忍耐的基础，还能培养出任何时刻都能发挥作用的不屈精神。

Rule 43
用意志力支配自己

他人不认可自己时依然不气馁，是件非常不容易的事。得到其他人的善意、鼓励和认同，我们会感到满足，也能够变得更加自信。

一般来说，得不到他人的认可时，自己的内心会遭受打击。尽管遭受打击，我们仍然能相信自己、鼓励自己迈出第一步，可以说这就是最具忍耐力的性格了。

所谓忍耐力，是通过意志来支配和控制自己的力量。用意志的力量去把握时间、实现目标吧。

快乐的性格，即要变得积极

即使是不重要的事情，如果对方能够心情愉快地接受，并使用让人心情愉快的语言和措辞，我们也会感到愉快。特别是在内心忧虑的时候，如果对方能够发现事情好的、可期待的一面，给予我们语言上的肯定，我们内心的不安就会消失，心情也会变得愉快起来。

所谓愉快，是一种内心的情感，原本就是非常模糊的东西。我们对待事物的接受方式不同，情况也会不尽相同。那么还是选择让心情更愉快的方式为好。积极的谈话能让身边的人都快乐起来。

Rule 44
正向思考

不要烦恼，要思考。

你在烦恼什么？是在想吃哪个点心好吗？这确实是种烦恼，但这种烦恼无论怎么思考都会输给诱惑，最终你会把两个点心都吃掉。除此之外，请不要烦恼，要"思考"。

当你烦恼时，脸色会阴沉；当你思考时，脸上写满知性；当你头脑里闪现出好想法时，脸色也会亮起来。

只要你还沉浸在无边的烦恼中，就不可能思考出答案。一旦积极地思考，你就会有强劲的动力，人自然会变得愉快，也能从身边事中得到启迪。

Rule 45
储蓄金钱，丰盈内心

　　尽管不能只在意金钱，但也要踏实努力地存钱。不要总被预算困扰，但是如果没有钱、没有预算，就什么事也做不成。你要思考没有预算也能做到的事情。

　　不要小觑小储蓄的力量，我们应该从储蓄一枚硬币开始存钱。有了大额钞票，就放在别的钱包里，自有它发挥作用的时候。储蓄罐中硬币积累多了，就存到取不出的存折中。只要不消费，钱就存下来了。

　　与储蓄金钱一样，磨炼自己内心的感受能力，就是为自己的内在做储蓄。丰富的内心感受能力是一笔巨大的财富，更会成为一生的财富；与金钱不同的是，这笔财富不会消失。

　　当然，为了享受快乐，花钱也是可以考虑的，即使是以褒奖自己为理由也可以。为了丰富内心的感受，尽可能地规划你的预算吧！

Rule 46
喜欢时尚

　　一个人着装的颜色和样式，自身的清洁度和品位，都能够反映在容颜和仪态上。白天，明亮的环境会映衬得脸色更加明亮。夜晚聚会时，如果现场较暗，可以穿闪耀材质的服装，用光泽来增加亮度。在夜里，闪耀的材质会呈现出清洁之感。

　　性格开朗的人可能更时尚。衣服反映了人的内在，一个穿着随便、没有时尚感的人，不仅显得土气，还会让人感觉态度不够积极。

　　不要采取上下分身的混搭，尽量穿套装或者连衣裙，进行成套搭配。如果没有自信，上下分身的混搭也要尽量选择同一颜色或者同一色系。此外，还要搭配手包等小物件进行点缀。注意，"叠穿"是有时尚感的人的服装游戏。

Rule 47
适当的行动力

行动力，不是大胆的冒险或是顾前不顾后的莽撞行为，而是自然而然的行为，就像下雨时，路上的行人会自然而然地打开伞一样。

我们可以多多关注周围，看看是否能够帮助到别人。考虑自己买的东西是否太过奢侈的同时，也尽可能地思考如何馈赠身边的人。

我们要尽最大的可能关注健康、保持健康。只有身体健康，才能拥有快乐的性格，也才能更容易采取积极的思考方式。当自己身体健康时，才能帮助身边的人，同时也让自己变得快乐。

把握天气变化给健康带来的影响，对于感冒、花粉过敏、病毒感染等新闻要多加留意，不要认为事不关己。实际上，这也是行动力，贸然出行并不是行动力。思考之后再切实采取行动吧！

想象成功的图景

　　总是思考愉快的事情，是拥有快乐性格的基础。首先，要让自己快乐。如果你忽然想起一些有趣的事，那就笑出来。对他人笑容以对，会让人觉得你是一个快乐的人。

　　例如，不断地想象成功的图景，相应地，心情也会雀跃起来，充满希望。时常保持愉快的心情，表现得快乐，你的情绪也会十分高涨；持续蓄积能量，就能发现问题并解除风险。

　　拥有快乐性格的人，无论遇到好事还是坏事，都能情绪稳定地进行思考。

Rule 49
表现得开朗而充满活力

所谓快乐，即要开朗，不说阴郁和不愉快的话，而是说一些好事和能让人发笑的事情。如果我们能明快地说出现在觉得为难的事，难事也能变为好事。

笑容能让人打起精神，换回明亮的笑脸。无论何时，只要在心中描绘快乐的事情，脸上就会绽放笑容。用笑容问候对方，用笑容和对方交谈，会给大家留下笑意盈盈的印象。如此，会让人觉得你是一个开朗、积极的人。

对于他人的想法或者行为不做评判，而改为提议，这是一种很好的方式。如果不能给出提议，可以选择沉默，或尝试描绘完全相反的方案，寻找解决问题的线索。评判并不会产生推动力。提议时，要表现出开朗和快乐，简明、扼要地说出看法。如果对方的批判意见太过强大而使自己没有赢的希望时，也不要灰心失望，要坚定地相信自己，提出自己的想法。

明眸与皓齿

　　明亮的眼眸、亮洁的牙齿，都是很棒的。开朗的性格，可以通过笑容让人感受到。目光明亮，大家就会被你的好心情产生的能量所吸引。

　　小狗的眼睛圆圆，目光炯炯，大家都觉得可爱，想要喂它食物，想要抱紧它。特别是在想要得到好吃的食物的时候，动物伴侣会以可爱的姿态向你飞奔而来，这正是它们所擅长。

Rule 51

积极轻松，无忧无虑

　　努力变得更轻松、更积极吧，哪怕被认为太过无忧无虑也好。一般来说，坏事并不是让人愉悦的事，但从中能找到一点点好的苗头的话，那就让自己高兴起来吧。

　　最开始或许很难发现，但坏事当中一定有好的苗头，就看你是否找得到。如果你觉得极其糟糕，想要放弃也就放弃了；但如果不断努力思考，直到找到其他方法，就能够发现好的苗头。

　　不放弃、不灰心，主动培养自己积极的性格吧！这种性格一定会成为推动事物进步的力量。

Chapter 2

美的教养

　　许多人是通过外表判断他人的，通过第一印象来了解对方的品位和生活状态。

　　为了变美而努力是非常重要的。美丽的人指的并不是天生的美人，而是那些努力让自己看起来很美的人。

　　一个人的外表整洁，就是显而易见的"自我教养"。努力改善外表的美，这种努力的成果可以很直观地被看到，因此会更加激励自己变美。

美丽的外表　之❶　仪表

仪表整洁、干净

　　在古代，日本人的基本仪容是简洁、利落，只有在特别的日子，人们穿上华服后才会体现出贫富差距。但是在日常生活中，只要服装清洁、整齐，就会被认为是非常漂亮的。

　　相反，在便装四季通行的现代社会，我们要明白，适当地装扮自己是获得他人信任的通行证。我们应该时刻检查自己是否很美，不光是为了他人，也是为了自我满足。

Rule 52
用"着装"表达自己

"服装"或"着装"这些词汇会让人联想到舞台服装、新娘服装或是角色扮演时穿的特殊服装。日常生活中，让人感觉易于亲近的是服饰、西服、和服、衣服等词汇表达。而自己穿在身上的，无论什么时候都要使用正式的词汇来表达——"服装"或"着装"。

之所以这样说，是因为着装会自然而然地影响他人对自己的印象。即使本人没在意，他人也会依据你的着装做出判断。不论是 T 恤、牛仔裤，还是简单的夏日薄裙，都是可以表达自我的"着装"。

作为重要的自我表达，我们要意识到"着装"这一词汇的穿着属性。从这一点出发，迈出完善自己仪表的第一步吧！

Rule 53
清洁感和雅致的品位

　　要注意服装的整洁和典雅之感。服装的整洁干净不只是意味着没有污渍，还需要通过颜色、剪裁等体现出来。

　　明亮的中间色能够轻松体现出服装的整洁感，较深、耐脏的颜色则很难。但如果深色服装剪裁简洁，通过与白色罩衫等进行搭配，也能够体现出整洁感。

　　当我们从家里出发，在前往工作单位的路上，就已经算是身在职场了。如果我们穿着平时出门游玩时穿的服装前往职场，就等于是去职场游玩。在当今时代，或许有人会认为这种想法过于固执，甚至会产生质疑——这种说法有些落伍，但如果你意识到职场服装是演绎自我的"舞台着装"，那么就能轻松接受这种说法并整理好服装出门了。

　　如果一个人离开家后能自然而然地表现出商务人士该有的言行，那他就是非常成功的。合理着装就能把我们培养成这样的人。

　　符合自身行为的装扮能让他人感受到你的典雅品位。请将自己打扮得既整洁又有品位吧！

Rule 54
彰显自我主张的"着装"

总是能将着装作为一种自我主张并认真对待的人并不多。用着装来主张自我的人是很特殊的，他们无论去哪儿都戴着固定的帽子，身穿同样的衣服，把装扮当成招牌，让人一看到就能辨识出来。

明确自己的风格自然是好的，但一般来说，这样很难表达出一定的自由感。比起自我主张，更要懂得欣赏自己美不美。

TPO 原则[1]并不过时，为了让自己看起来光芒四射，我们需要根据时间的不同，选择不同的穿着，或者考虑加入自己设计的元素，这些是我们选择着装的线索和依据。

---

1 TPO 原则是有关服饰礼仪的基本原则之一，即着装要考虑到时间 "Time"、地点 "Place" 和目的 "Object"。它要求人们在选择服装、考虑其具体款式时，首先应当兼顾时间、地点和目的，并力求让自己的着装及其具体款式与着装的时间、地点、目的协调一致，较为和谐。

Rule 55
了解适合自己的风格

被流行愚弄的时代已经终结，如今我们可以选择适合自己的着装。对时尚敏感的人，其时尚品位自然能够契合当今时代，他们的着装十分适合自己，不会有落伍之感。

用小聪明来了解时代潮流趋势的人，并不会散发出有品位的光芒。所谓时尚，需要"看、了解、感觉、思考"——觉得好看的穿搭，就要认真看；充分了解魅力在哪里；思考自己是否适合这种风格。如果一个人掌握了这些原则，她的时尚感也会很好。

了解自身特点、尽早确立自身风格的人，可以买到适合自己的东西，做到不浪费。如果自己衣橱中的服装都能像精品店一样进行收纳，摆放整齐，便于浏览取出，就不会造成浪费。这是确立自身风格的理想状态。手包、鞋子等小物件也要遵循这个原则——少买并且买质量好的东西。

确立自我风格和搭配原则

　　不论对时尚是否感兴趣，很多人都有许多衣服，甚至多到衣橱里都收纳不下。即便如此，有人依然没有想穿的衣服，总是想购置新衣服，这是为什么呢？解决这个问题的方法，不是控制购买数量，而是要对自己的风格有自信。在限制购买数量之前，要确立自身风格，以此明确购买原则。

　　比如，你可以从连衣裙、套装、同材质的上下套服、上下分身（非套装）等不同形式的搭配中选择一种，并且确定自己是适合裤装还是裙装。

　　每个人的体形都不相同，适合自身形体的剪裁和颜色并没有那么多，服装的件数自然就会减少，在此基础上，就能确定适合自己的着装了。

　　如果你总是幻想自己能穿任何风格的服装，或者认为必须跟上潮流，那么你就会对自己失去自信，甚至迷失自己。

Rule 57
用心寻找适合自己的搭配

如何搭配是着装最需要优先考虑的。如果将高级品牌、定制、古着等各种衣物混搭在一起，也能够做到搭配和谐，让人无法分辨所穿服装的品牌或类型，就能显示出搭配的功力。

是全部采用高级品牌，还是改制优质的古着，取决于人们各自的想法。只要能穿出让人分不清品牌的高级质感，就是成功。以搭配出适合自己的穿搭为目标，做到看似无心，实则合身，甚至看到的人都想知道你穿的是什么品牌。

当然，即使想知道他人穿的是什么品牌，也绝对不要去问，这是一种礼仪（当对方想说出品牌时，自然另当别论）。我们可以用一句话来赞美对方——"真的很适合您啊"。总的来说，协调的搭配是非常重要的。

Rule 58
巧妙利用闲暇时的装扮表现自我

我们的便装和私服要质量上乘，体现品位，这样才能自由地表达自我。外出服和通勤装，要注意自己喜好以外的制约因素，如场合、工作、活动等。平日在家或是闲暇时间可以选择自己喜欢的服装，这时也是装扮自己的时刻。

虽说是休息时间，但身穿脏衣服、旧衣服，搭配不过大脑，衣着不做修饰，也会有损你自身的品位。你可以穿品质优良的休闲服，或是颜色出挑的出游装；即使在自家的院子里休息，也可以穿如花一般的个性服装。

选择工作服时不仅要考虑其功能性，还要选择合适的颜色。室内放松时的穿着不仅要轻松、舒适，还要根据房间的风格进行穿搭。平日选择高品质的服装，服装也会浸润身体，培养出适应高品质服装的体形。

休闲装也能培养人的时尚感，如果确定了适合自己的颜色，可以造就适应高品质服装的形体。

Rule 59
时刻佩戴饰品

小物件，根据戴法和用法的不同，可以装点自己，培养个性。不论是真正的珠宝首饰，还是仿品，都要体现出品位与美感来。

一件珠宝首饰，无论它多么昂贵，都要与佩戴者的内心格调一致。也就是说，如果一个人佩戴首饰只是为了展示自己的富有，是不能提升格调的。不论是佩戴镶嵌宝石的昂贵饰品，还是佩戴廉价的塑料仿制品，让人觉得美的决定性因素，是选择有品位的款式和恰当的佩戴方式。

为此，休闲时也要尝试佩戴饰品。想要养成佩戴饰品的习惯，就要时刻佩戴它。

小物件更需要好品质

鞋靴、手套、帽子、饰品、手袋、眼镜、太阳镜、手表等穿着、佩戴在身上的小物件，其品质会影响穿着、佩戴者给人的印象。恰当的搭配十分重要，比起豪华感，良好搭配的古旧品或仿品会给人更好的感觉。

手套、帽子会戴上脱下，有时会拿在手上，脱戴的时机和方式如果赏心悦目、毫无违和感，就能让人感觉到你高雅的品位。如今，帽子的脱戴方式也变得自由起来，但从中仍能看出品位和教养。

包装袋和购物袋会毁掉良好的装扮，那就将它们放入托特包或者环保袋中吧。高级精品店的大购物袋如果不能放入汽车的后备厢，就请交给快递送货吧。

Rule 61
总是相同的发型

如果一个人一直保持相同的发型，就会成为他的特点。找到适合自己发质和脸型的发型非常难，但模仿别人更难。找到适合自己的发型，做到时刻发型齐整、一丝不苟，是非常好的事情。或者，你也可以使用假发。

请记住，装扮的要点是发型与**鞋靴**都要合理搭配。

Rule 62
与流行和谐共处

流行趋势虽不如从前一般拥有强大的力量，但无论多大年纪的人都会在意流行。

此处的"流行"，不是去追求失去个性的流行，认为自己和别人一样才能放心，而是要时常留意时尚信息，装扮得有个性、有品位、有美感。

首先，要好好观察、模仿适合自己的时尚偶像的穿搭术。值得注意的是，不要完全照抄，而是要"模仿方法"。为此，要观察，找出搭配原则，更要适合自己的体形。

持续地观察和积累，你就能找到适合自己的风格，你的品位也会得到进一步提升，形成自己的完美个性。

保持良好的姿态与举止，
就能博得好印象

　　姿态良好、笑容不断的人，是极其美丽的。衣装平整、穿着美丽且合身的人，会给人留下好印象。

　　良好的姿态体现出良好的教养。即使现在你的姿态不好，你也可以决定是否改变姿态。发现问题，就不断努力去改变，不知不觉中会养成保持"良好姿态"的习惯。一旦养成保持良好姿态的习惯，不良姿态反而会让人感觉痛苦。

　　改变姿态也有益于身体健康。一个人如果姿态良好，会很健康，看起来也会很优美。现在就活动胸肌，开始锻炼吧！

Rule 63
了解什么是良好的姿态

伸展脖颈、挺直背部，是改变姿态的首要条件。下腹部用力，去伸展背部。头向上牵引，放松肩部（自然下垂），伸展颈部。挺直后背，仿佛后背有一对天使翅膀一样。这样做衣装会更平整，心情也会很畅快。

高级成衣都是标准的尺码，可以根据身体尺寸修改。但不做修改，努力改变自身形体去匹配高级服装，让身体去适应服装，可以将此作为眼前的目标努力去实现。

一个人姿态良好，鞠躬行礼时看起来也会很美。在日本，问候和鞠躬是一体的，问候对方之后就是鞠躬，从浅浅点头颔首到深深鞠躬，不同时间采取不同的方式。如果你的姿态良好，无论采取哪种方式，看起来都会很美。

最最重要的，就是修正、改善姿态。

Rule 64

保持笑容和丰富的表情

　　保持笑容是十分必要的。每个人都喜欢笑容明亮而美丽的人，笑容能让人感觉安心。笑容是在告诉对方，我是你的朋友。

　　为保持笑容，独自一人时可以面向镜子培养微笑的习惯。练习嘴角上扬，眼角浮现笑意。

　　与他人四目相对时，展露自己的笑容是个好习惯。如果人人都具有人畜无害的笑容，就能形成"笑的环境"。

　　不仅要习惯展现笑颜，如果平常能流露出丰富而温柔的表情，是最好的。

- **温柔而有温度的严肃表情**：有力提升诚实和可信赖感的保证。

- **高兴的表情**：想象获得褒奖、感谢的心情。

- **快乐的表情**：想象内心的愉悦。

- **包容、温暖的表情**：看到可爱的小狗或小婴儿时。

- **明亮的表情**：身边摆放着美丽、让人心情柔和的物品。

- **恬静的表情**：消除不满吧。

展露好的表情并不容易，特别是在困难时刻，人们往往难以展现开朗的表情。但如果能用笑容面对心中的难题，或许快乐的灵感就会降临在你身上。

表情与脸型无关。无论多美的人，如果满脸不满，就不能称之为美人。上下班的路上，路边的小花、别家庭院里当季的花草树木，眺望这些能让我们心情恬静的事物吧，努力展现出柔和的表情来。

Rule 65
温暖而坦率的目光

视线的方向很重要。所谓好的视线，是指目光坦率而温柔，是父母怜爱孩子时那温暖的眼神。斜视或者翻白眼，无论多美的人，都应该避免这样的眼神。

视线与身体的方向、头的方向要保持一致。我们在与他人交流时，可以直视对方眼睛稍稍向下的部分。记得要时刻保持温柔的心情，这样才能够制造出温暖的目光。要用微笑的目光看事物。

另一方面，为了不与别的人或物相撞，也要关注身后的事物。身后是眼睛看不到的部分，因此要多加感觉，进行必要的想象。

不仅是看人，看事物也要保持坦率而温柔的目光。没有偏见、平等的目光，才是能够正确判断事物的慧眼。

Rule 66
步态优美

如果能保持好的姿态就能站得挺直，走起路来也会更优雅。

如果你很在意自己的姿态和走路姿势，可以对着橱窗练习走路。一旦看到自己的状态，心中的紧张感能让人走得更优美。

改变不良的走路姿势，你的心情也会更好。将上半身向上伸展，走路时腰用力；挺直胸部，不驼背；步幅尽可能迈大，大腿内侧用力，快速而从容地走路。

着急时也不要跑。跑也许很危险，但着急的心情更危险。

沉着而稳重的动作

即使情况紧急也不要慌张，慌张证明失去了平常心。平时，从椅子上站起来时，撞到这个，碰掉那个，都是内心慌张的表现。遇事可以对自己说要谨慎、沉着，以此平复心情。

碰掉物品，有时就需要麻烦别人帮忙捡起来。如果自己不想去捡，那就注意不要碰掉。此外，最重要的是注意不要碰到别人。

Rule 68

流畅而自然的行为

美丽的行为，流畅而自然。动作太过缓慢，对别人来说也是种困扰，所以要注意保持一定的速度，手脚的动作要流畅。

我们可以通过一些最基本的动作，重新审视诸如拾起、放置、拿取物品、开关门、推拉抽屉等日常活动并进行练习。如果能够做到动作流畅，在某个瞬间或者在决定性的关键场合，就能做到举止优雅。

习惯成自然。你可以反复做同样的事情，不断练习，直到遭遇意外状况也能从容、正确地做出相应的动作为止。

我们的目标是要做到仿佛身后也长着眼睛，不站在别人面前挡住别人，向后移动时也不会碰到别人。如果能自然地做到以上这些，你将展现出极致的美。

Rule 69
双脚并拢

　　站立和坐下时，保持魅力的要点是做到双脚完美并拢。姿态比外形更重要，如果一个人的姿态优美，别人可能就不会感觉到她外形上的缺点。因此当你随意站立时，不要岔开腿站立，要注意脚和手的位置。一只脚收到后面，两腿稍稍交叉，身体略微倾斜，手臂向下伸展，双手在身前叠放——这是基本站姿。

　　与基本站姿相反的是具有变化的雕塑形态。站立时，将体重置于一只脚上，如果能有意识地摆出 S 形曲线，看起来会更优美。就像舞蹈动作中的反身截步，其伸腿的姿态就十分优美。

　　坐的时候，双腿交叉的时间不宜过长。因为这有可能会导致身体歪斜。坐在椅子上时，双腿倾斜并拢，脚尖向后勾，后背就能伸展。

　　和双腿交叉一样，也要避免双臂交叉。即使是疲劳的时候，也要避免双臂交叉。用餐时，肘部不能放在餐桌上，因为这不仅违反餐桌礼仪，还影响形象。

Rule 70
细致而柔美的手部动作

拿东西时要注意手部动作。要单手拿稳，同时另一只手要扶住。为了不弄掉东西，一定要双手去拿。如果东西掉下来，即便没有摔坏或破损，也会影响周围的人。

说到底，手部动作要有曲线。美丽的手型是"人偶手"，即手指并拢，呈现微微弯曲的形状。拿取物品时尽量不要展开手指，不要大把抓。指示物品时，不要用一根手指，而是并拢指尖（拇指叠于中指根部）进行指示。

Rule 71
安静而轻柔的行为举止

当你开关门，或是移动家具如推拉座椅等，或是用餐刀切餐盘里的肉，又或是喝汤时，要注意所有动作都不要发出声音。这样的话，动作自然会变得更美、更细致。

尽可能在离身体较近的地方处理、摆弄物品。物品离手时，原则上要像有所留恋似的。拿取轻的东西时不松懈；拿取重的东西时要稳，让别人看起来很轻松的样子。

保持动作轻柔，人看起来会很美。

区分场合，做闪耀的自己

　　只有外表美是不够的。只想突显个性，会过于招摇。我们的行为要做到适应场合，还要考虑到做事的目的和时间的先后。

　　所有行为都会有先后顺序和流程，要好好思考场合的要求和时间的先后。如果你做事符合场合和时间，就能做到适应场合而不招摇，既能散发出自己的光彩，又不过度引人注目。

Rule 72

过好日常生活，任何场合都能闪耀

　　想要塑造美丽外表，就要注重日常生活。现代社会，人们更重视实用性，对自己的日常起居和使用的物品，都会优先考虑其方便性和舒适性。但长此以往，敷衍、草率的风气就会成为主流，变得什么都可以使用。

　　空间和物品都是越简约越好，相应地，物品的收纳方式和室内陈设的细节就变得非常重要。这些是使我们生活变得更美的支点，呈现的是细节和部分之美。人们常说"细节之处有神灵"，就是要求大家注意细节，重视角落和不起眼的地方。具备完美细节的物品，不仅自身美，还能提升生活空间的品质，创造出有深度的美，更能美化我们的举止。

旅途中，装扮自己，融入当地

在旅行目的地，做到融入当地，保持协调一致，是非常重要的。当你能够意识到自己是景色的一部分，也是旅行的乐趣之一。

耐脏、不引人注目、便于行动的服装十分适合徒步旅行。但在欧洲的古老城市中，这样的穿着大概无法与当地的美丽风景相匹配。

无论你去往哪里，即使是一个人的旅行，也要考虑周围的人。正因为身边是不认识的人，才更要注意符合场合，以得体的姿态融入风景中。

Rule 74
与到访地保持协调

　　初次拜访他人时，要抑制自己的个性，可以比平常慢一拍，去配合对方的节奏。如果在家能够培养出良好的举止，拜访他人时就能够与对方保持协调一致，不产生违和感。

　　要注意脱鞋、落座、喝茶的方式。如果平时用马克杯喝茶，那么去拜访他人时，会对对方端来的茶杯和茶托感到紧张。但如果日常生活中就使用茶杯和茶托，就不会不知所措了。

　　正确的行为举止与空间的广度无关。平时就训练自己落落大方、坦荡行事，即使自家居住空间狭小，去到宽阔空间也不会不知所措；如果自家居住空间开阔，在狭小的地方也能做到不碰触物品。

　　进入玄关时，要留意帽子、手套和外套的穿脱方式。穿脱行为本身就是展示美的精彩场面，是自身行为闪光的时刻。

调整用餐习惯

用餐方式体现了人们的日常生活以及成长过程，换句话说，体现了人们的"成长环境"。用餐是人们日常生活的重心，也是与社会联结的场合。影视剧中，常通过角色的用餐方式表现其性格，所以说用餐是非常重要的场景。

使用筷子或餐刀，不掉饭菜，一边愉快交谈一边享受美味，是每个人必备的基本技能，其秘诀在于习惯并正确地使用餐具。

- 一次入口的量要少。以随时想要开口交谈都可以咽下的量为宜。
- 注意不要弄脏玻璃杯和其他器皿，及时用餐巾或者餐巾纸擦拭嘴边的脏东西。
- 欣赏葡萄酒的颜色时，不要手持酒杯杯身，这样会将指纹印在杯子上，而应该用指尖捏住杯茎。
- 当别人为我们斟酒时，要将酒杯置于桌上，用手轻轻按住杯座。

　　• 吃日式料理时，注意不要弄脏筷子（只弄脏筷子尖 9 毫米是专家水准，弄脏 3 厘米是最大限度）。

　　• 使用杯和杯托时，单手抓住杯耳（手指不要伸进去），另一只手拿起杯托，这是将杯与杯托作为餐具时的使用方式。喝茶时，可以不必拿起茶碟，只用右手拿起茶杯（茶碗），将其放置在左手上，并用右手扶住饮用。注意，不能单手执杯饮茶。

　　如果用餐时剩下饭菜，会让主人担心是不是饭菜不够好吃。所以，最初盛饭时应少盛，之后再添饭，这样才会让主人觉得自己的菜看味道好，会让做饭的人备感高兴。如果是饭店免费赠送的，要悄悄告诉对方可以少盛一点。因此，平日在家用餐就要注意自己的饭量。

　　不过，据说在中国，如果把饭全部吃完会被认为没有吃饱，还想再添饭。所以要注意当地的用餐习惯。

　　不管怎样，出席宴会时，调整自身习惯都是十分必要的。

宴会中的优美举止

在宴会中保持优美的姿态是十分重要的，喝酒时也要保持优美的姿态。

成熟女性喝醉大闹另当别论。如果你喝完并没有醉，要适当地装醉，以保存酒量。如果你完全不能喝，要么一开始选择不去宴会，要么装作在喝的样子。

适当控制酒量，保持优美的举止，是成熟的表现。如果想喝到失去意识，还是建议一个人在家里喝。

Rule 77

商务聚会中基本的言谈举止

有人演讲时，要小声说话，关注演讲。

交换名片要在交谈结束之后，并用双手递给对方。

冷餐会时，不要只关注食物，要在会场内慢慢移步，相互问候，观察和欣赏他人。当你行动起来，也能看到会场内的展品。要有自己在被人远观的意识，并挺直后背。在会场中移动时，不要慌张，可以放眼周围，一边向熟人点头示意，一边慢慢地走过去。拿取食物或物品时，手指动作要柔美。

你可以准备一份任何宴会都能使用的一分钟演讲稿。如果感兴趣的话，还可以记住各国语言中简单的问候语，一定会有发挥作用的时候。

Rule 78
巧妙地接受服务

养成恰当接受服务的习惯格外重要，比如脱下大衣存放在某处，或者让人帮忙穿上外套等。

接受服务的秘诀是不畏惧地坦然行事，简单来说，就是要习惯所处的场合。轻松、巧妙地接受服务，能够展现自身举止的美丽。

如果你不磨蹭，服务方也会心情大好，能够更快地为大家提供服务。能够顺利服务更多人，得到大家的感谢，提供服务的人也会感到愉快。所以，请配合他人的服务吧！

Rule 79
隐藏惊讶

当你初次来到一个地方或是遇到一些事，无论是好是坏，肯定会有很多惊讶的感觉，但请你隐藏自己的惊讶，表现得如平常的行为一样，这是种融入新环境的美好习惯。为了隐藏惊讶，首先你要观察身边的人，只要和周围的人保持一致就好。

突然遭遇异常情况，正是体现平日教养的时候。在发出"哇""啊"的惊叹之前（除了自己被袭击之外），先看看除自己以外其他人的反应。你可以询问是否有人受伤，是否发生了一些状况，然后再思考该做的事。情况越是紧急，你越是要沉着冷静，采取精确的行动。

因此，我们平日就需要多看新闻，预先模拟看到、听到的事件和事故，了解事情的原因和后续。不要觉得事不关己，如果你想着这些事有可能发生在自己身上，就会关心怎样妥善处理了。

Rule 80
演绎成熟女性的魅力

　　有时你也会想让自己看起来更性感、更可爱吧。但是，作为成熟女性，如果想通过行为举止和着装来演绎这些，往往会有损自己的品位，还有可能得到惨痛的教训，所以最好不要刻意去做。那么，如何才能演绎成熟女性的魅力呢？

　　可爱、性感都是男性喜欢的女性魅力，是一种外在美。事实上，你不必解开前胸衣扣，也不必造作地轻抚长发，而是可以通过由内而外散发出来的成熟感觉，让对方感受到你的女性魅力。

　　你不必像孩子一样高声说话，也不必像人偶一样装扮自己，只需要通过恰当的举止、坦率的问答、善于倾听的笑容，就可以向对方传达自己的可爱之处。一名成熟女性的魅力会让对方保持敬意，或许体现在悄悄行事的体贴上，又或许体现在由内而外散发出来的成熟上。

公私分明

生活有公私之分，如果能优雅地展示出公私之别，也是极具教养的表现。

与工作和社会相关的是公，关于自己的问题是私，但公中有私的部分，私中也有公的部分。即便如此，将公私混为一谈也不好，因此必须避免这种情况发生。比如，在人前化妆、工作时发私人邮件或打私人电话等，在公的场合要极力避免，这是最起码的要求。

更为严重的情况是，命令下属为自己做私事，独占客户的宴请和答谢品，用公费乘坐计程车等。在考虑这些行为是否符合规矩之前，首先要知道作为起码的人来说，这些行为并不是美的存在方式。

问题最为严重的，是因为私人问题去干涉公事。这种情况很难被人发现，但会从工作的结果、成果、准确度上暴露出来。

二十四小时全天候工作与否，是个人的自由，但不将工作带回家，不将家庭问题带到职场，是有教养的表现。关键是如何进行切换，特别是在家中的切换。

家是放松的地方，是给予家人平静和温暖的地方。想要得到家人的柔情来治愈自己，自己先要积极地给予家人柔情，这样的切换，才是最好的消解自身疲劳的做法。

只要这样做，你就能得到家庭的温暖和安慰，并获得治愈。当你想在不同场合展示不一样的自己时，首先要控制自己。能够做到这些的人，正是因为在家得到充分的放松并获得了治愈吧！

Chapter 3

培养健康美

　　让自己保持健康，与培养其他教养是相辅相成、密切相关的。健康左右着一切，一个人只有健康才会是美的，脸色好的人会给人开朗的印象。身体健康的人，其周围的人也会相应地感到安心，不必对你太过牵挂、顾虑，因此心情也会轻松。

　　为了成为教养良好的人，我们要进行自我教育，有时也需要专业人士的指导和建议，例如在实施手术或者进行训练时，就需要借助他人的力量。

　　话虽如此，如果所有事情都拜托专业人士，费用会太高。因此，进行自我培训是基本的要求，即使寻求专业人士帮助，也需要平日的保养护理，依靠的仍然是自身的意志力和精力。

健康管理是日常生活之关键

　　健康管理是自我教养的基础。有人说即使自己注意，仍然会得感冒，这是没有办法的事。其实这并非是没有办法的，其原因在于自己的不小心。成人的健康管理必须自己进行。平日里不要懈怠，去进行完美的健康管理吧！

Rule 82

努力保持身体状态

体形的胖与瘦是人们在意的问题，但关于身体，我们更需要了解的是呼吸、排泄、免疫、分泌、消化、神经、循环、吸收、代谢等人体内部机能的特点。医生的诊断的确很有必要，但更重要的是通过自我观察来了解身体各部分机能的特点，并且在日常生活中加以注意，以此进行身体保养。

人的身体机能看似相同，但是人与人之间存在着微妙的个体差异。我们要了解并巧妙利用自己的身体特点，才能够保持健康。

- 了解正常体温。通过体温的微妙变化，了解自身身体状况。

- "经常洗手、漱口""保湿"，是现代社会的常识。

- 牙齿是美和健康之首。养成定期检查牙齿和每天仔细刷牙的习惯吧！

- 不要忘记足部护理。小腿肚是人体的第二心脏，要提高血管末梢和毛细血管的活力，改善血液循环。

- 要注意指甲的修剪方式。修剪的原则是沿着指尖仔细修剪。

Rule 83
养成保养身体的习惯

　　为了健康而瘦身是必要的，但为美容开始的瘦身，很有可能让你成为减肥狂。

　　瘦身的重点不在于训练了多少小时，而在于是否有实际效果。对自己的身体情况，要做到充分了解。瘦身的重点是身体的形态和动作，而非体重的数值。并不是只要瘦就好，即使体重没有变化，随着时间的推移（即随着年龄的增长），肌肉的衰老和脂肪的囤积也会有所变化。

　　• 为了美和健康，活动手指、脚趾，转动肩部，按摩头皮等，有意识地活动平常不动的部分。

　　• 注意运动的身体部位，不要放松保养，扩大可做运动的范围。

　　• 养成在没人的时候总是活动身体的习惯吧！

　　• 肌肉不使用会变得僵硬。活动起来，舒缓和放松你的肌肉。

　　• 活动肌肉时，要给肌肉补给氧气，注意配合呼吸，会更有效果。

- 运动过后的肌肉需要放松休息，不要让肌肉过度劳累。

- 与专业的训练不同，每天保持适量的运动也是不错的。

- 谁都有感冒等不健康的时候，在患病早期加以注意就能够治愈。你需要强健的身体，平日要以拥有强健的身体为目标。

- 通过食物补充营养。提高免疫力的同时，要充分注意提高身体的吸收能力。

- 精神压力过大也会降低免疫力。养成充足睡眠和情绪稳定的习惯吧！

- 少吃好看却没有营养的食物，做到能够感知身体现在需要哪些营养。

- 平衡膳食。吃健康的食材，通过提高身体素质减少疾病。

Rule 84
养成排毒习惯

改善血液循环和淋巴循环可以说是保持健康的基础之一。如果一个人的身体血液循环不好，会患上畏寒症和肩周炎等常见疾病；淋巴循环不好，产生的橘皮组织会进一步阻塞循环，导致身体废物滞留在体内。

· 养成适当补充水分的习惯吧！一般来说，每个人每天需要补充 1—1.5 升水。

· 保持代谢通畅。如果排毒和排泄不畅通，吸收能力也会变弱。

· 不要总是进食，有必要让内脏休息一下。选择适合自己的食量和摄入时间，给予胃肠休养时间。

· 睡前两小时不饮食，早晨至中午（按照自己的时间）进行排毒，相应的效果会更好。吃好早餐也是符合循环规律的。

在自己的生活节奏中适当地加入排毒时间吧！

Rule 85
发挥生物钟的作用

所谓生物钟，是身体感知到的时间。几点肚子会饿，几点人会困，这些感觉就是生物钟的一种。科学家有关生物钟的研究正在进行中。多了解生物钟，促进自身健康吧！

· 通过生物钟，把早起的时间重新设置为一天的开始。早起沐浴朝阳，伸展身体，深呼吸，会使得重新设置的生物钟更具效果。

· 如果把早起时间设定为 6 点或者 7 点，哪怕有时晚睡，第二天仍然可以按照固定的时间起床，这样就很不错。多睡无益，但可以补觉。睡眠不足的时候，不要早晨贪睡不起，而是要夜里早睡，保持起床时间不变，这样才能让生物钟恢复正常，也能够尽快消除睡眠不足。

· 一般认为，睡眠时间以 7—8 小时为宜，但也因人而异。

· 中午是人消化能力最强的时候，这时要充分摄入食物，夜里就要减少摄入量。有研究数据表明，最晚的用餐时间以睡前两小时为宜。

Rule 86
努力改善体形

健康的身体不是一天形成的。为修炼美丽的形体，维持健康的身体，我们有必要进行适合自己的训练。坚持训练，一定会带来变化。可以偶尔休息一天，然后再继续训练。训练并不是很敏感的东西，并非休息一天就会没有效果。一年、三年、五年、十年，这种长时间的坚持才会带来惊人的变化。

学会控制自己，对肉体和精神都很重要。美味的点心含有糖分和脂肪，如果能够做到控制食欲，会是很好的训练。过度渴求甜的食物，是因为内心不够坚定。一个人将口腹之欲控制在满足和适量的范围内，是精神坚定的标志。如果沉溺于甜品无法自拔，就请检查心理是否出现了问题吧！

Rule 87
培养训练优雅的举止

　　每天进行训练，让身体动作变得柔软、灵活。练习芭蕾和舞蹈的基本动作或是日本舞蹈[1]和能剧[2]的基本动作，都是可以的。如果掌握了这些舞蹈动作，日常的行为举止就会优雅起来。

　　练习武术也能掌握提升姿态的基本动作。学会基本动作，并让动作与动作之间连贯起来，看起来就会协调。

　　日常频繁使用的物品要质量上乘，好的物品也会促使我们保持优雅的行为举止。

　　所有匆忙的行为举止看起来都不够美，因此，要注意尽可能不要快速跑动等。

1　日本舞蹈广义指流行于日本各地的各类舞蹈，如古代舞、乐、能、民俗舞、歌舞伎舞蹈等；狭义指包括各种流派的歌舞伎舞蹈。在日本，"舞"古时也称"游"，中世纪后称"踊"。最初的日本舞蹈称神乐，如巫女舞，是用以敬神、娱神、通神的舞蹈。

2　能剧：日本的能剧和狂言的产生可以追溯到8世纪，随后的发展又融入了多种艺术表现形式，如杂技、歌曲、舞蹈和滑稽戏。如今，它已经成为日本最主要的传统戏剧。这类剧主要以日本传统文学作品为脚本，在表演形式上辅以面具、服装、道具和舞蹈。

健康美　之❷　美容

不惜努力去变美

　　和健康一样，每个人的肌肉、脸型、皮肤的特征、发质等等都不相同，各有各的美。我们有必要根据个体的差异进行适当的保养，并且不惜努力去改变。

　　尽管每个人的特点不同，但是不惜努力变美，是训练自己变美的第一步。一旦身体变美，动作看起来也会变美，给人的印象也会更好。这是打造自我的时代，我们有必要意识到自己的价值，提升自我形象。看起来美，就是非常有效果的自我打造。

　　多多学习美容知识，时常了解最新的美容信息。

Rule 88
贪婪地搜集关于美的信息

变美不仅限于美容，贪婪地搜集关于美的所有信息吧！从身边的人开始，到素不相识的优雅女士，不分国界和性别，不要局限社会阶层，贪婪地吸收各种适合自己的、关于美的信息吧！

限定学习范围是错误的，比如不穿什么样的衣服，不住什么样的房子，以及不在什么样的餐桌上吃饭，等等。

即使这些与现在的生活并无关系，但生活的智慧是万能的，也许日后会遇到能够用到的场合。因此，不对任何关于美的信息设限是首要的。我们要时常睁大双眼、竖起双耳，去搜集关于美的信息。

最后，用自己的才智和判断力，将这些信息汇总为于己有益的信息。

Rule 89
美容院和美体养生馆的有效利用方式

发型是每个人最引人注目的部分，选对发型有助于打造自我。不过最新的发型设计并不适合所有人，首先必须了解自身头发特点和脸型特点。因此，你可以自己来剪，或请熟悉自己头发特质的专业人士来打理。有的人选择去美容院打理，自己享受过程，也能起到放松精神的效果。

经常变换发型也是种乐趣。长发也不总是清汤挂面，可以盘起来或者扎起来。让发型适应不同的风格，为你带来变化吧！

当今时代，一个人无论生得多美，不化妆都是不行的，化妆可以说是在展示自我。但我推荐大家要将重点放在皮肤护理上，而非提高化妆技术上。不过，想要肌肤变美是需要时间的。就算是技术超群的天才美容师，也很难仅凭一次护理或手术就让肌肤达到完美的状态。有时，我们只需要为重要部位化妆或者戴上眼镜即可。每周让皮肤休息两次，能够提高皮肤的自我恢复能力和活力。

　　想要变美，最基本的习惯是自己行动起来，亲力亲为。自己保养、护理皮肤，虽然获得的效果只有专业美容师的1/10左右，但是可以做到每天进行，无须预约就可以在自己喜欢的时间持续护理。

　　请优秀专业的美容师为自己进行保养，是在出于职业需要，要求展现身体美的时候。但即使是专业人士，如果对方技术水平太低，也只能起到放松作用，不会产生更好的效果。因此，没有比自己动手保养更好的方式了。

　　向高水平的专业人士学习按摩技巧吧！日语中有个词叫作"手当"[1]，意思是当手碰触身体时，会起到唤醒身体的作用，并达到治愈效果。

1　日语中"手当"意为"治疗""看护""津贴"之意。

笑容与指甲护理

　　脸型也是引人注目的部分，不要因为脸型是天生的就放弃改变。脸型会随着年龄的变化而变化，自己动手来修饰、改善自己的脸型吧！

　　首先是练习微笑。天生拥有笑脸的人是幸运的，但多数时候，我们的笑容是由习惯培养而成的。

　　无事发笑会被认为是怪人，于是有的人就一脸严肃或者养成了绷脸的习惯。在没人的时候，你可以面对镜子研究自己如何笑起来最美。要在被人叫名字时回首报以笑容，对别人的问候报以笑容。

　　在此基础上，活动脸部肌肉进行训练，用自己的双手将脸型打造成自己喜欢的形态。自拍也可以，尽可能地增加拍照的次数，慢慢地，一定会更加上相。花费一些时间，让自己变得更有魅力吧！

　　让人意想不到的是，指甲也会格外引人注目。对于指甲，我们要做精细的保养而不是保持随意的状态。指甲没必要做夸张的装饰，但可以根据服装选择颜色合适的指甲油来搭配。

如果工作时需要经常使用手，可能会磨损指甲油，不过最近的新型美甲[1]中，有一些类型是难以剥落的。注意手部和指甲的保养吧，必要时可以戴上手套或者进行手部按摩。

凭借专业的技术是能够保持良好状态的，但如果你心灵手巧，就自己进行保养吧！

指甲也需要保湿。看指甲的状态，就能了解健康状态，指甲常被认为是一种健康标准。从身体的末端开始，努力保养自己吧！

---

1 使用啫喱状底液制成的指甲片，以及用紫外线固定的美甲技术。

美丽整齐的牙齿和唇形

我们并不会随时展露牙齿，但是牙齿美丽、状态良好是我们希望达到的状态。

沉默时请闭上嘴，因为没有干劲时嘴角会松弛，既不美也不可爱。不露牙齿，会给人呈现一种端庄之美。人们在说话或者笑的时候，就会露出牙齿。特别是说话时，对方大多会将目光投向你的嘴唇。于是，牙齿便成了美的重点。

牙齿排列不整齐，脸型就会歪斜。所谓的龅牙和"地包天"，且不说年轻时不好看，随着年龄的增长会更加损害脸形和容貌。另外，如果牙齿排列不整齐，也会妨碍上下咬合。咬合不好会不利于内脏的健康和脸部容貌的美观。如今的矫正技术发展速度惊人，如果你对自己的牙齿排列不满意，不要认为这是天生的就放弃改变，可以去看牙齿整形科。

牙齿是一生的财富，它不仅会影响一个人的美丽，更会对健康产生重大的影响。想保持健康，就要重视保护牙齿。

矫正牙齿，笑起来时也要保持美丽的唇形，正确而仔细地咀嚼食物，做到每天保养不松懈，让牙齿变得更美丽吧！

　　另外，你的唇形不仅会因为牙齿而改变，也会因为说出的话语而改变。如果去看那些会双语或者多语的人就能明白，那些说好话、说话方式温柔的人，其品格也会体现在唇形上。

永远保持充沛活力

有生活目标和享受活着的乐趣，是人们充满活力的基础。无论做什么都感到快乐、有趣、有价值；或者，无论做什么都感到麻烦、无趣、不快乐——这两种感觉都是主观的。将心态转换为快乐、积极的一面，会让人充满活力。

比起勉强自己变得积极，首先要努力变得不消极。诸如"好麻烦啊""进展不顺利""太费劲了""太忙了""没效果"等不满和怨言，积极的人即使这么想也不会说出来。

内在的活力对保持美丽和健康会起到积极作用。

Rule 92
强化内在

只有美和健康，还不能称为知性美女。内在的强大能使人更美、更健康。改变对日常事物的认知，通过不断重复，做到强化内在。

所谓强大的内在，是指能知性而客观地看待事物。例如自己与他人都不破坏约定，就算是微小的事情，也要尝试严格按照约定去做。一旦能够做到这些，心情就会变得愉快。

如果碰壁了，可以尝试绕行，也许会发现另外的解决办法。不要局限于一种处理方式，还要能看到其他选择。不辩解、不发牢骚，接受现实，不归罪于他人。想改变别人，首先要改变自己。

请不要说"这很麻烦"，如果不想做，就直接说不能做。在感觉麻烦之前，要强化内心，去发现事物的有趣之处，可能就会产生"这个或许很有趣"的想法。

Rule 93
主动提升活力

如果你遇到讨厌的事，在想着逃离、消沉之前，可以尝试从相反的方向考虑，或许就会发现轻松的解决之道。

如果对事物过度深信，身体就会用力过度。可以先放松，然后活动身体，稍稍忘却自己所深信的，解放自己，并利落干脆地找回自我，试着想象自己是名运动员，马上就会产生活力。所谓活力，是自己内心创造的东西，并不是从外界获得的，可以尝试模仿运动员的精神状态来获取。

当你感到自己没有活力时，不要寻找"快乐"，而是要寻找"舒适"的感觉。排解抑郁的心情，逃离不满足，寻求一时的"快乐"，都不过是通过强烈的刺激来忘却痛苦。如果"快乐"的感觉不断升级，人将会很难回到最初干劲十足的状态。与其这样，不如尝试思考有益身心的"舒适"感觉吧！

"舒适"是心情的良好感觉。心情变好就会有干劲，觉得有了动力，"好啊，咱们做起来"。想要保持良好的心情，你可以主动积极地去努力。为此，当你能量不足时，要先补充足够的睡眠。即使被人认为过于乐天，也要做到睡一晚就能

126

恢复元气、忘记痛苦，这是心情快速重启复位的方法。

感到事情快乐、有趣，就会产生强劲的动力。不论是日常生活的琐事，还是重复麻烦的工作，只要自己去做并享受其中，就一定能发现乐趣。当你找不到工作的乐趣时，可以试着重复去做，认真去做就会有所发现。寻找契机，发现乐趣。

不要过度相信不了解的事就是无趣的，要去了解更多。了解得越多，信息量增加，才会对事情产生更浓厚的兴趣，事情也才会变得有趣起来。当然，一旦产生强烈的求知欲，人的动力就会更足。

Rule 94
养成努力的习惯

有才能的人比没有才能的人更努力，因此拥有的才能少也就意味着努力也少。或许他们认为，能够稍稍避免痛苦的努力也是种幸福。

所谓努力是大量钻研、训练，是练习的积累。无论多小的事，坚持做下去，就能让努力成为习惯。

通过做小的事情增加坚持积累的次数吧！当事情做到一半时，可以加入觉得有趣的事情，尝试将让人快乐的事情进行组合搭配。

如果你懂得积累就是努力，那么就重复积累，去努力得到相应的幸福。

不过有时候，即使努力也得不到回报，那是因为努力的方向和程度还不够。如果朝着正确的方向付出适当的努力，你就会获得回报。如果是顺应时代的努力，那你获得回报的可能性会更大。

事实上，回报并不重要，付出努力并相应地提升自身活力和内在更为重要。如果你自己先认同了这种想法，身边的人也一定能感受到。

羡慕别人的成功，觉得他们的成功是"天上掉馅饼"，实际上是错误的想法。别人的成功里有你看不到的努力。即使对方看起来不努力，幸福还能够降临，正是背后的积累起作用的结果。没有不努力的幸福，也没有不努力的成功，只不过是别人的努力，你看不到而已。

养成将目标进行分割的习惯，试着将目标分为几个部分。想要达成目标，可以增加积累的次数，不必盲目冒进或一次完成，做到一半时可以从中发掘乐趣。努力的乐趣是隐藏的，需要你去发掘。一个月、三个月，尝试坚持去做，你才能发现自己做到哪里了。无论是谁，都会对看不见的努力感到不安；但如果客观去看待自己的努力，你一定会看到成果。

Rule 95
锻炼孤独忍受能力

你是否也有这样的时候呢？想拥有自己的时间，但是独处时却又备感寂寞。人们常说，人都是孤独的，从出生到死亡都是一个人，活着的时候也是一个人。虽然这些我们都懂，但是真正意识到孤独还是很痛苦的；因此一旦孤独来袭，就会难以忍耐。任何人都有面对孤独时软弱的一面，孤独感会使人的内心变得脆弱。

突然陷入消沉的时刻正是锻炼孤独忍受能力的机会。来锻炼自己忍耐孤独的能力吧！

所谓孤独忍受能力，就是战胜孤独的能力：即使觉得运气不好，也能相信自己的能力；即使与他人不同，也能认为这是自身个性的能力。

如果你能够重新审视自己，并进行锻炼，忍耐孤独将会成为打开明日新局面的能力。因此，请不要通过外部的刺激来消除孤独，这恰好浪费了锻炼忍耐孤独能力的机会。

当我们忘我地努力并进行研究，可是目标实现后身边却没有人注意到，得不到他人的认可时，我们就会陷入极其严重的孤独。不过，人的闪光点并不会被埋没，将来某一天，你一定会被很多人认可。而在那之前，请不要丧失信心。

总的来说，即使没有人认可，我们也可以通过自我认同来提高孤独忍受能力。如果你能够认清现实，意识到仅仅做到自我认同还不够，要继续努力，你将会具有超凡的孤独忍受能力。支撑我们努力的正是忍耐孤独的能力。

实际上，人并不是孤立的，我们会在某地、因为某事、和某些人时刻发生联系。这些联系可以帮助我们确认自己的根，寻找自己的身份认同。在感觉孤独之前，如果能够尝试认同自己，孤独感就会削弱，会比以往任何时候更能意识到自己与他人之间的联系。

Rule 96
锻炼专注力

我们之所以无法集中注意力，可能是因为失去了活力，也可能只是因为现在不需要集中而已。专注力能够提升完成事情的速度。因为这样或那样的事情而分散了注意力被称为散漫，但是过度专注于某事，以至于不能看到或听到其他事情，甚至废寝忘食，也会妨碍日常生活。最好能够做到在保持专注力的同时，也能够综合地了解各种事，把握平衡。因为在一些重要时刻，需要我们同时关注两件以上的事物。

总之，我们最好能具备无论何时何地都能根据需要发挥作用的专注力。如果能在此基础上综合把握其他事情，就可以说是非常优秀了。

- 睡眠不足会给专注力带来灾难。

- 将不需要专注的项目写在纸上，让大脑进行识别，这是已解决事项，还是可以按惯例解决的事项，或者是可以按习惯解决的事项，等等。

- 在某一时间段应该集中关注某个问题，这样的话妨碍专注力的东西就会变少。

- 整理办公桌面，桌面最好的状态是能够迅速拿到想要的东西。

- 不要急切地想一下子完成工作，持续保持专注几个小时，会让你过度疲劳。

- 想要具备完成大事的能力，可以通过完成 15—20 分钟的小目标进行积累训练。

- 想要消除专注带来的疲劳感，就要设定时限，或者做点别的事情，或者加入适当的运动，做到张弛有度，会很有效果。

- 消除妨碍专注力的音乐和噪音等，使周围的环境能够让自己平静下来。

- 不看讨厌的东西，不听喜欢的事情，集中注意力。当然，如果水流声和鸟鸣能让人心境安稳，就没有必要消除。

- 了解自己易于集中注意力所需的条件，克服情绪无法稳定的状态。

Chapter 4

修习生活技能

　　你拥有的物品可以反映出你的价值观。如果你的身边被少量却"简单而富于智慧的美物"包围，环境朴素但内心富足，换言之，过着"真正简约的生活"，你就会明白什么是"充足"和"富裕的本质"。你就会由内而外生出从容感。

　　为此，我们或许有必要进一步钻研生活技能。生活技能提高了，简单的生活也会变得丰富、细腻而富有品质。生活技能也是提升个人鉴赏能力的手段，而鉴赏能力正是人们教养的关键部分。

　　提高生活技能，是培养自身教养的具体方法。

做饭是提升创造力的行为

为了生存，食物必不可少，但对人类来说，用餐不仅仅是一个将食物吃进去的简单行为。做出美味的饭菜，一边相互交谈，一边享受味觉带来的感觉，这种深奥的乐趣——正是人们提升感受能力的瞬间。

烹饪饭菜，是能够探寻事物本质和掌握事物原则的创造行为。而且，做饭是每日重复进行的行为，因此对提升自身教养是极其有效的。做饭这一行为能够提高人的食物鉴赏能力，是一种能够产生实际效用的学习过程。

Rule 97

食物造就人的品性

在人的五感 [1] 中，味觉与最为本能的生存活动密切相关，起着察觉危险、保护生命安全的作用。但我们人类则通过味觉判断基本功能之外的其他事情。

食物拥有好的味道，最基本的作用在于提高身体想要摄取某种食材的欲望，保证身体所必需的营养。如果你能够开动脑筋，想方设法做出能引起食欲的饭菜，就能既保持健康，又能提升味觉。

味觉出色的人，其他感觉也会很出色。吃美味的事物可以锻炼我们的味觉；通过锻炼味觉，还可以锻炼其他感觉。味觉是品位提升的开始。

吃健康且让人满足的食物，能够化解焦虑，提升专注力，心情也会变得平静。味觉能够改变一个人，让人感觉温柔的美味能培养一个人温柔的品性。

1　五种感觉：视觉、听觉、嗅觉、味觉、触觉。

Rule 98
营养而美味，是家常饭菜的要点

　　家常饭菜主要特点是简便、快捷、美味、营养充足。为此，我们首先要具备营养知识。想把饭菜做得好吃，烹饪时就要注意火候，使用简单的调料也可以发挥食材的特性。不去做名称考究和费时的饭菜，是做家常饭菜的秘诀。

　　如果饭菜做得好吃，人们爱吃，营养也会提高。如果喜欢吃营养价值高的食物，人会更健康。挑食不仅有害健康，还会影响食物鉴赏能力的平衡发展。

Rule 99
食材的购买要有计划性

因为新鲜食材更好，所以就每天都去采购，这只是满足消费欲望的借口，也会相当浪费时间。比起每天购买食材，把一周作为一个购买周期，或者每个家庭按照自己的节奏来购买食材，是更为合理的安排。选择一个能够从容处理食材的日子作为购买日也是不错的。

采购食材时，尽可能做到有计划性，不要发生需要紧急补充的情况。按照一定的节奏购入，不少买，也不要多买。

购买时不必花样齐全，你可以把应季的食材和任何季节都需要的常备食材作为基本购入项。食谱上的食材可以成为购买标准，确定应摄入营养和所需的食材后，再确定饭菜的烹饪方法。烹饪时，尽量不要依赖加工过的食品或加工过的调味料。

家常饭菜是个系统

如果一周采购一次食材，那么食材买回家后就要立刻进行预处理，不能原封不动地将食材直接放入冰箱，而是要处理成待使用状态，这是使家常饭菜系统化的第一步。

其次，要注意食材的量，做到食材全部用完，没有浪费。烹饪是一项具有知性与创造性的工作，你可以将其当作一种自我教养。如今，减少垃圾也是有身份和有素质的体现，因此在烹饪时要训练自己将食品损失降为 0，并将此当作自己应尽的义务。

提前做好常备菜是个好方法，不仅可以用尽食材，也能减少每次做菜的麻烦。

- 可马上使用的蔬菜保存方法：将青椒切好放在冷藏袋中进行冷藏，将洋葱切成碎末冷藏，将干蘑菇进行冷藏，等等。
- 其他蔬菜的保存方法：蒸好冷藏，使用时再进行调味。

· 保存食材时如果将原材料按其生长方向放置，保质期更长。

· 鱼块可以用酒糟腌制保存，肉可以煮好后和汤一起冷冻保存，等等。

· 把泡菜和腌制咸菜当作一种常备菜，做菜时只需做主菜，这样可以缩短每次做菜的时间。

※ 可以参考作者另一部作品《简便精细的饮食生活》(DISCOVER 出版发行)

Rule 101

练习装盘，提升审美品位

如果你具备美的感觉和注意力，就能巧妙地将食物装盘。

装盘的基本思想：①食物的颜色搭配；②摆放的平衡感；③摆放的立体感；④食物摆放的留白。

一个人的审美品位会因为享用了美味的料理、看到精致的装盘而大幅度提高。

料理不容许失败。保持注意力显得格外重要。"聪明的女性善于做饭"，其中的"聪明"指的就是注意力。此外，烹饪时常常要提前想到下一步，并且仔细地按顺序进行，做到有条不紊。菜品完成后，巧妙的装盘能让食物看起来更美味。

※ 可以参考作者的另一部作品《饭菜装盘的理念》(DISCOVER 出版发行)

Rule 102

布置餐桌，培养审美意识

布置餐桌和装盘是饮食生活中对于审美品位和审美意识的日常表达，也能够培养搭配的平衡感和色彩意识这两种重要的感觉。当你需要摆放物品时，搭配的平衡感和色彩意识就会苏醒过来。锻炼这些感觉便是在培养审美意识。

如果想要培养色彩意识，你可以模仿名画，也可以参考时尚的服装搭配。而且，用餐时，如果配上柔和的灯光以及让人心旌摇曳的音乐，就可以改善心情；心情好就能提升饭菜的营养功效。

布置餐桌能够增进食欲，同时也能提高审美意识，是对生活文化的积极实践。

Rule 103
餐具的选择，
初学者要从白色西式餐具开始

餐具是多种多样的，有不同的形状与图案，也有不同的用途与材质。当你挑选餐具时，首先可以选用西式餐具，比如圆形的餐具，其边缘的特征（形状）可以根据喜好确定，大小可以根据用途确定。请您放弃"只要能装盘，即使均价 100 日元的盘子或者纸盘子也可以"的想法。这种餐具会钝化人的鉴赏能力，劣化人的品位。

当然，餐具的首选颜色是白色。如果你对餐具的图案和材质感兴趣，也许会认为能够进行各种组合搭配很有意思，但实际上，有图案的餐具只是中等选择。日式餐具比西式餐具更麻烦，因为使用日式餐具时，你要理解餐具上彩色花样代表什么季节，同时想象在餐具里盛放什么样的料理，据此来筛选餐具，这是更高层次的选择。不管怎么说，都应该选择能够衬托食材颜色的餐具。

餐具与桌布的搭配在于颜色与格调的统一，我们不仅要考虑局部，还要考虑整体的统一。

Rule 104

进餐是最大的娱乐消遣

　　在自己家独自用餐或者吃 TV 晚餐（独自一人边看电视边用晚餐），都是孤单的象征。有时你之所以连附近并不好吃的店都想去，是因为如果去那里吃饭就会有人陪伴。即使不说话，只要有人在，你也会感到安心。如果能进一步交流，更能增加食物的美味感觉。这样，身体能够摄入的营养也会更多。

　　与家人和朋友一起用餐别具乐趣。大家吃着同样的饭菜，分享着各自的感想，会增加亲密的感觉。就餐时进一步深入扩展交流，以此获得日常生活中的消遣娱乐，可以说是人活着能感受到的最大乐趣了。

居住空间美育身心

我们在日常生活中会与物品产生联系，被空间包围。让人感到心情愉快的家才舒适。人在家中会很放松，家可以治愈疲劳，也可以培养鉴赏能力。

我们有必要描绘一下自己的理想居所，想象自己希望住在怎样的空间里。女孩小时候玩过家家，对自己想要什么样的居所大多会有些实际的想象。但一般来说，男性如果不是想当建筑师，不仅住宅的草图，就算现实中自家的房子建成了，他们也不会有任何思考和想象。

令人意想不到的是，居住空间不仅关系到人们的行为举止和习惯，还关系到每个人对待事物的思考方式，影响着人们教养的形成。可以说，人的教养都是由空间培养而成的。

思考未来的居所，不仅能在下次布置房屋时发挥有益作用，还能重新审视自己现在的言行举止和日常行为。

Rule 105
展现出清洁感

　　住所是生活和人生的出发点。好的工具能引导出好的举止，特别是常用工具，一定要使用上好的，这样你会留心自己的行为能否匹配上好的物品，好的物品就会提升人的教养。自己创造出"舒适感"，那种舒适感会"让我们的心情变好"，提升我们的教养。尽可能地整理生活环境，这是基本的自我教养。当这些习惯成为自然的时候，人的鉴赏能力和教养都会得到提升。

　　保持住所干净是很重要的。衣服包裹我们的身体，因此衣服干净是最重要的。包围我们整个人的是生活空间，也就是说，保持生活空间的干净清洁也是非常重要的。通过养成维修保养的生活习惯，我们可以保持住所的清洁。

　　在感觉舒适的空间中生活，既要保持环境的清洁，也要保持自己内心的柔软感觉。经常整理住所，不仅能够保持清洁，同时也能让住所更加美观。

Rule 106
陈列之心提升审美品位

　　想要通过日常生活提高审美意识，就要注意住所的布置。生活空间变美，人就会感到舒适，心情也会更好，并从中得到足够的慰藉。

　　培养陈列之心，能在无意识中养成将物品放到恰当位置的习惯。通过努力，你能够在获得平稳情绪的同时磨炼自己的鉴赏能力。

　　仔细保养物品，养成有意识摆放物品的习惯，更能让你懂得生活中美的要点，也能学会巧妙地节省时间。

　　过度装饰和完全不装饰，都是欠缺陈列之心的表现。想要提升自己的审美意识，就一定要将生活空间装饰得更美丽。

Rule 107
插花

以花为代表的所有植物都是因为得到水、阳光和空气才焕发生机，绽放美丽。摆上插花或其他植物，可以让室内充满生气，是将住所变得干净和美丽的最便捷方法。

学习园艺技术，哪怕从最简单的一盆花开始。无论是日式还是西式插花，都要让花仿佛面向太阳一样，欣欣向荣地向上伸展，才能让花束呈现美的形态。插花欣欣向荣、充满生机，不仅能让花显得更加华丽，还能让人顿生清洁之感。

插上一束花后，你也会想要清理打扫一下花瓶附近的环境，这真是不可思议。或许是花的生命力唤醒了人们的审美意识吧！

扫除是种冥想

扫除是有要领的，就和装饰一样。首先是在某处找到视觉要点（焦点），也就是说，打扫那些最容易看见的脏乱的地方。并不需要一次性将整个住所扫除干净，而是自上而下，从看得到的地方到不显眼的地方，按顺序打扫。对于不显眼的地方，人们会想要偷懒，但其实打扫看不到的、不显眼的地方，才是让住所变得更美的秘诀。注意生活的细节，才能留住美。

· 一发现污垢、污渍就要去打扫。如果你放任不管，要么会习惯，要么就再也不会产生想要扫除的念头了。

· 在意脏乱的地方并不是神经质，而是"美感正常"的表现。

· 用水的地方要特别注意保持干净。养成不将自己的"脏"展示于人的习惯，用完水就进行检查。打扫用水地方的方法因人而异，学会使用更好的方法吧！

· 在显眼的位置放置垃圾箱，这是为了引导那些不负责任的人，但自家的垃圾桶要藏在不显眼的地方。在家也要养成及时扔垃圾的习惯，这样做并不会感到不便，反而会养成在外不随意丢弃垃圾的习惯。

· **扫除和洗餐具实际上是种精神修炼。**清扫院子里的落叶也被认为是教养，是培养美感的最好行为；人们看到落叶的形态和颜色，内心会变得柔和。

· 偶尔不使用洗碗机清洗餐具，而是亲自动手清洗，就当作一次冥想吧！

· 扫除的好处在于完成时的清洁感会让人心情变好，能够产生成就感。

扫除可以让人发现重复的重要性，也是一种修养，这样不必花钱也可以在日常生活中锻炼自己。可以确信的是，扫除具有和冥想一样的效果。

一次又一次地扫除看似"重复"，其实通过重复扫除会收获许多熟练的技巧和窍门。而小看扫除的人，是无法通过冥想得到提高技巧的灵感的。

养成收纳的习惯

将常用的物品放置在外，需要时可以马上使用，就会很方便。但是碍眼的东西，无论多么方便也不要一直放在外面，要养成随时整理的习惯。功能性的物品或电器产品等，特别注意不要放置在外，要收纳起来。如果你养成收纳的习惯，做到使用时拿出，使用后收好，就不会花费太长时间。

· 物品放置的位置要方便易取。特别是在厨房附近，你需要掌握物品易于存取的收纳方法。

· 刀具要放到看不到的地方，可以收纳到抽屉中，做到规避危险。

· 经常使用的小物品如果颜色太多，会非常刺眼。为了"消除颜色"，就要将它们收纳起来。你可以将它们按照使用目的分门别类，然后再收起来。放置在外的物品，尽量选择透明或白色等易融入环境的颜色。

· 选择好的放置方式，有时会排列出一种美的陈列，也就是说，物品会变得更美。整齐摆放、不歪斜、边角对齐、摆放笔直都是陈列的秘诀。

Rule 110
与物品相对

时常检查自己的物品，减持物品或改变物品的摆放方式，也就是说，有必要增加与物品面对面的次数。如果只是听凭自己的占有欲去收集物品，就没有时间整理物品了。

总是检查物品、与物品面对面，物品会告知我们现在就是扔掉它的时机。所谓选择物品，即要有负责到底的决心，只要与物品产生联系，就会养成习惯，意识到自己对物品的责任。

- 终结物品的使命或是将其翻新、改为别的物品，都是由自己决定的。

- 改变物品的放置位置或提高使用的方便性等，你可以一边思考如何充分发挥物品的作用，一边选择要放弃哪些物品。保持较少数量的物品是上策。

- 拥有上好品质的物品，相应地就会产生上好的手感，人也会更加快乐。

通过棉麻培养触感

　　毛巾、床单、桌布等棉麻用品都是私人物品，因此这类话题不像时尚话题那么具有讨论性。许多人使用的棉麻用品都是别人赠送的礼物。而使用高品质的棉麻用品才是高品质生活的表现。

　　如果自己能够确定什么是好的肌肤触感，什么是自己认同的材质与尺寸，就可以从收到的礼物中加以选择。如果使用材质不好的棉麻用品，就会使五感中的"触感"变得钝化。

　　人们会根据使用目的的不同，选择不同触感、不同尺寸和不同吸水能力的棉麻用品。关注棉麻用品，确定自己该使用怎样的棉麻用品吧！只有当你了解什么是上好的东西，馈赠他人时才能选择最好的东西。

　　皮肤具有感知色彩的能力。棉麻会接触到肌肤，因此选择棉麻用品时要选择视觉效果好和皮肤触感好的物品，对健康也会有所裨益。

- 粉色的毛巾会把皮肤衬托得更红润。

- 淡紫色是高龄女性的最爱，穿在身上就好像免疫力都增强了，能起到减龄的作用。

- 多穿白色的衣服，会对健康有益。

Rule 112

了解茶具和银器的使用方法和触感

　　爱好茶道是非常不容易的，因为茶道被称作综合艺术。在研习茶道时，也要学习插花、书道[1]、香道[2]、茶具、怀石料理[3]等传统文化和知识。可以毫不夸张地说，学习茶道需要花上一生的时间。在日常生活中，我们只需了解茶道工具的使用方法就会十分受益。高品质的工具会要求使用者举止高雅。这与西式的银器相似，银器能把餐桌装饰得十分豪华，也能帮助人们了解保养银器的重要性。

　　使用器具时的基本教养不在于是否拥有，而在于是否能

1　书道：古代日本人称书法为"入木道"或"笔道"，直到江户时代（17 世纪），才出现"书道"这个名词。在日本，用毛笔写汉字而盛行书法，应当是在佛教传入之后。僧侣和佛教徒模仿中国，用毛笔抄录经书，中国的书法也随之在日本传播开来。

2　香道：是历史悠久的传统生活艺术的升华，流行于古代贵族士大夫及文人阶层，通过识香、六根感通、香技呈现和香法修炼等环节，在相对规范的程序中，让人体会人生和感悟生活的一种高品位的修行。

3　怀石料理：原为在日本茶道中，主人请客人品尝的饭菜。现在已不限于茶道，并成为日本常见的高档菜色。怀石料理极端讲求精致，无论是餐具还是食物的摆放都要求很高（但食物的分量却很少），因此被一些人视为艺术品。高档怀石料理也耗费不菲。主要盛装食物的器具有陶器、瓷器、漆器等。

够使用。我们要学习了解各种茶道器具和银器的使用方法及其触感。如果看到银质红酒冷却器上凝结的水滴之美，感受到吃冰淇淋时勺子的触感，应该就不会再觉得擦拭银器是件辛苦的事了。

充分发挥箱子的作用

箱子是方便的收纳工具，总的来说分为两类：一类是手工制作的，一类是工厂量产的。在日本，好的箱子会被当作工艺品保留下来。所谓的"箱子文化"，自古以来就扎根于日本。现代的我们更要喜爱箱子。因为将物品收纳进箱子，能够让人感觉放心、整齐，并将我们从杂乱中拯救出来。

- 不论大小，我们都要拥有那种只要摆放在房间里就感觉很美的箱子。

- 不要因为重视实用而只购买塑料箱子，应该使用工匠手制皮箱或者复古的有保存价值的木箱或漆器箱（重叠式木盒、信匣、砚台箱）等。外表美丽的箱子既可以作为收藏品，也可以发挥实际作用，最适合收纳纸类书籍及小物件等物品。

如果你喜欢箱子，也可能会对家具的历史、装修及设计等产生兴趣。如果能对生活的历史产生兴趣，那么即使不是专业人士，也能从传统和西方的历史中学到生活中的基本行为美学，见识也会得以增长。

Rule 114
因物成长

有时，我们会感叹狗和主人太相似。狗神似主人，主人也像自己的狗，这是因为他们之间有爱的交流。物品与我们之间的关系也与此类似。

我们身边的物品与自己具有同等的价值，这是因为决定接纳那件物品的是我们自己。

如果对物品有些不满意，那就是物品不再适合我们了，这时必须选择更高层次、适合现在自己的物品。

日常生活中的所有物品都会影响我们的鉴赏能力。虽然某些物品可能现在不适合我们，比现在的自己层次要高，但不知不觉中会与我们趋于一致，进而让我们成为与上好物品匹配的更好的自己。

在人与物品的关系中，自然是以我们人为主，物为从属，但是身边的物品也会在潜移默化中影响我们。

Rule 115
选择物品，即选择自我

选择物品的秘诀，首先是要去看许多好物品，然后集中意识进行物品的选择确认。

很多时候，"没有预算"这句话成了很好的借口，但人们有时候却会屈从于自己的欲望，将预算花费在别的事情上。

人们通常会说，好东西耐用，不会被太快扔掉而产生浪费。实际上，好东西护理起来很麻烦，使用时需要很小心。

因此，"没有预算"这个说法看似谦虚，实际上是想从麻烦事中逃脱出来的借口。无论是谁都想活得轻松一点，这是理所当然的。但正因为如此，好的物品才会培养我们的教养，使我们的生活水平提高一个层次。我们就是要这样立志：踏实地付出，努力地提升自己。

好物品的优点不限于此。好物品的美不会使空间变得杂乱，反而会给人以安慰，为我们消除疲劳。想要选择好的物品，第一步就是要感觉得到好物品带来的好处。

选择好物品的标准是以现在的自我需求为考虑条件。因为如果自己成长了，可能会对之前选择的物品产生不满，所以要做到总是让"现在"的自己进行选择。

关于物品的颜色和形状，你可以调动自己的所有感觉，询问自己是否合适，然后再决定。这个样式、这种颜色是否适合现在的自己？如果回答是肯定的，自己能够接受，才可以说是正确的选择。

看物品时总是持有选择意识，是为了下次选择时能够选出比现在更好的物品。你选择的物品代表了你的个性和品位。而随着自身的成长，选择的物品也会发生改变。

物品的选择是种自我主张，决定着你的命运。

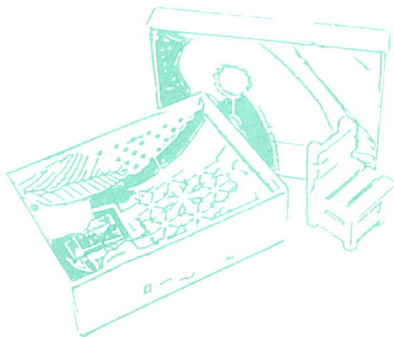

拥有交往的生活技能

　　从古至今，前人留下了许多人际交往的"惯例"。在现代生活中，有人能够很好地遵循这些惯例，也有人完全无视惯例，导致每次遇事都会不知所措。

　　不仅在日本，有时在其他国家惯例也是必要的。虽然了解外交上的国际礼仪（国际礼节）对了解异国文化很有意义，但是在那之前，还是先了解日本人的礼节吧！

　　怎样与人相处，保持多大程度的关联，全由自己决定。为此，我们必须具备一定的技能，掌握必须了解的礼节。在向对方传达自己的想法时，需要行动，也需要物品。

Rule 116
庆吊仪式的参照标准

　　庆吊[1]仪式的惯例会随着时代的变化而发生变化，不同的地方也会有不同的惯例，因此很少有人能够全面地了解。那么究竟该以怎样的惯例作为标准呢？

　　首先，每个家庭要自行判断，标准不是虚荣，而是真心。

　　其次，有需要的时候应立即进行调查，从中选择自己能够接受的。记住自己的选择，下次一定能够明白该怎么办。

1　庆吊：是指庆贺与吊慰，亦指喜事与丧事。

写邮件、写信或者打电话来表达感谢

　　如果觉得写信麻烦，那么可以通过发送电子邮件或者打电话来表达感谢之意。如果想要更有礼貌地表达感谢，可以采用书信的形式。现代生活中，我们可以根据所托之事的重要程度来采取合适的对他人表达感谢的方式。无论是写信，还是打电话，或者是发送电子邮件，要恰当地区分并使用这些方法来对他人表示感谢。

　　无论什么事都通过电子邮件来沟通看起来非常方便，却无法充分表达自己的想法，有时甚至会招致误解。当我们收到对方表达感谢的邮件后，尽可能简单地回复是很好的。回复邮件不应拖延，要尽快，这样会给对方留下更好的印象。如果因事耽搁无法立即回复邮件，那么最迟也应该在一到两天内回复。

Rule 118

礼物质量要上乘

出于对预算的考虑，我们不能经常赠予别人极好的礼物，不过可以参考自己收到礼物时感受到的惊喜程度，来确定礼物的选择标准。

当你习惯了赠送礼物后会发现，赠送礼物时一定要重视收礼人的心情。

· 自己想要的东西或者长期珍视的东西，就是质量上乘的礼物。

· 赠送礼物也要区分时间和场合。不同的时间选择不同的礼物，自己不需要的礼物可以转赠他人，有时赠送他人轻松的伴手礼，有时为关系亲密的朋友亲手制作意义重大的礼物等等。

· 要尊重对方，选择的礼物要适合对方，这是很重要的。

赠送礼物本身也蕴含着重要的信息，因此有必要认真思考，并选择具有特色的赠礼方式。

Rule 119

赠送礼物是美育自己的绝好机会

感谢、祝贺、探望、问候……有了这些心情，才会赠送礼物。如何恰当地表达自己的想法，是生活中的重要课题。心里总是记挂着馈赠他人合适的礼物，作为人来说是很高尚的行为。

不仅是应景的问候，还要选择适合的礼物表达对他人的关心。正月、情人节、母亲节、父亲节、儿童节、各自的生日、图书节（11 月 1 日）、圣诞节……礼物总能在各种各样的日子里表达出感谢之情。

在非重大节日，赠送对方小伴手礼也能体现自身的品位。如果能被对方称赞很懂美食，将会是巨大的成功。

除了食品以外的其他物品，即使不是亲手制作，也要选择包装纸亲自包装。要根据对方的特点系上匹配其特质的、好看的丝带。系上丝带，就系上了彼此。

包装是一门生活的艺术，不仅要考虑包装纸的花样、包装方式，还要考虑丝带的宽度、花样、质地、系的方式，以及是否插入小花束、小饰物、卡片等。

丝带不仅是包装礼物时的配角，在包装书信等纸质物品或者布料的时候也能发挥作用。不仅是花束，花环上也必须系上丝带，特别是圣诞花环，系上丝带后看起来更美。

手巧与不巧不是问题。针、线、布都是女性擅长的领域。所有女性对布料的手感都是极其敏锐的。

如果能够使用布和丝线制作生活必需品或者礼物，比如刺绣、蕾丝、编织物、纺织品、手工拼布、嵌花等，那将会是极好的事情。

亲手制作礼物并设计包装，能够锻炼我们的动手能力、磨炼准确的配色能力和提高对物品用途的把握能力。多动手，也能使大脑更活跃。不要小看制作礼物这件事，就把它当作提高自身教养的机会吧。

Rule 120
写一手漂亮字

据说，现在社会上流行写一手漂亮字。如果一个人会写一手漂亮的字，在日常生活中的很多场合都能够发挥作用。每个人都会努力写好自己的名字，其实不仅限于自己的名字，如果能用漂亮的字给他人写一封书信，收信的人一定会感动。

即使没有时间也能练习书法。首先，要多看优秀的书法，准确记住常见字的字形，并且注意字形整体的平衡感。"字如其人"，提高自身教养，书法方能显出味道。

一旦你养成了手写书信的习惯，写文章会有进步，与人交流的能力也会提高。如果你习惯了手写，也会有兴趣亲手制作其他物品。

Rule 121

家庭聚会的建议

招待方和被招待方都很快乐，这是聚会应该实现的目标。首先，要多邀请别人，积累快乐的经验是非常重要的，不要还没准备就觉得麻烦或者很累。

在准备聚会的过程中，如果干劲过足或者想要做得完美，就会感觉疲累，也会发生一些不尽如人意的事情。将这些不愉快看作下次的经验，豁达一些吧！多实践，增加经验，不知不觉你就会习惯。即使感觉疲劳，也不要忘记其中的巨大成就感。最重要的是要用心邀请对方，仔细思考如何能让对方高兴。

布置餐桌和做饭都是美妙的生活艺术，要留意做出美感。如果被别人邀请去参加聚会，要欣然赴约，并且聚会时举止要保持优雅。

Rule 122
看得见的着装

与他人初次见面时，姿态与容貌给人的第一印象是非常重要的。

在现代社会，如果问别人应该穿什么，通常会听到"穿喜欢的衣服吧"这样的回答。其实，最重要的是要考虑留给对方怎样的印象、是否符合场合以及自己看起来是否很美，以这些标准来挑选符合社交礼仪的服装。

一流酒店的从业人员和老字号的经理人会通过服装和举止来评价客人，也就是说，他们不仅看客人的服装是否简洁且质地良好，还看客人的体型和举止是否能够匹配上高品质的衣服。因此，我们要意识到自己在被人观察。进行形体锻炼，就能形成适应高品质服装的体型。

同样，当我们看别人时，也会看对方如何表现自我，是否在意着装、想法如何、希望得到怎样的对待等。一个人如果能够从着装看透对方的举止，也是自身具有教养的体现吧！

Rule 123
自行搭配着装

　　着装不仅要符合场合，还要让自己满意。满意的着装会给自己带来幸福感。

　　由于时间紧迫，人们往往会做出令人遗憾的选择。外出前要思考穿什么衣服，并做好准备。平时也要根据场合和时间选择适合自己的服装，做到既不过于显眼，又能够体现自己的特点。

　　有时，饰品比衣服还重要，决定了整体的着装水平。我们平时要留心看戏剧里的搭配，并且观察身边善于佩戴饰品的人，加以模仿，研究如何演绎饰品的佩戴风情。

学习和服的穿着方法

　　喜欢和服的人日渐增多。相反，有些人拥有现成的和服，却认为穿着和保养很麻烦、费劲。实际上，即使是西式服装，也是需要保养的。

　　休闲的西式服装已经完全成为现代生活的主要着装，但是作为盛装，心情庄重地试着穿和服会怎么样呢？去试试吧，当你穿上和服后，你的姿态会更好，举止也更优美。

　　练习穿和服也是很好的。从不熟悉到适应，练习穿和服是让自己产生变化的开始。练习系带子对于手臂的伸展很有效。理想的目标是在 15 分钟内穿上和服。即使是现代社会，仍有人一年 365 天只穿和服。

　　通过网购买来浴衣[1]去参加夏天的节日庆典或者烟花大会也是很好的。更进一步，如果能够学会优雅的举止、掌握和服的穿着方法，将成为一项绝佳的生活技能。

1　日式旅馆中，浴衣是浸过温泉或沐浴后常见的衣着。浴衣也常见于日本夏季期间各地祭礼、节日及烟花大会中。

不论预算多少，比起网购，去和服专卖店购买和服更让人增长知识。或者，你也可以向专业的和服店咨询，获得相应知识后再在网上购买。

不要将和服看作民族服装，而将其视为时尚，当作一种自由演绎自己风格的着装吧！

生活技能　之❹　行为模式

掌握平静生活的行为模式

如果你可以将学到的生活技能灵活运用，则能够让日常生活变得平静、顺利、充满活力。了解并学会了所有技能，如果搁置不用，也是种浪费。我们要有效利用掌握的生活技能，每天重复使用，最终形成稳重、舒服而美丽的行为。

我们不仅做事要有效率，还要了解什么行为是美丽且能带来快乐的，以及怎样能够提高自己的能力，并将这些方法积极导入到生活当中。日常生活中一旦养成马马虎虎、敷衍的习惯，只在意做事时间的长短，就更会觉得自己没有时间。因此，请改变这样的生活吧！

Rule 125
即刻行动

人们常常会说"现在忙，回头再做""明天再做也行""太麻烦啦！下次再做"。可是，如果你想保持轻松平稳的心情，任何事都即刻完成才是上策。我们暂且将这种做法称为"即刻行动"。

如果不能即刻采取行动，身边的物品会堆积成山，房间凌乱，心情也会变得不好。如果能够即刻去做，就会产生成就感，心情也会变好。尝试马上去做吧！如果发现自己的效率开始降低，就暂且做一半，下次再做就好。

发现问题的瞬间，"即刻"去处理；定好的任务，趁着没忘，立刻就做，这样效率会更高。如果在做某事的过程中出现了问题，应该立刻处理，即使先处理产生的问题，时间上也不会有太大不同。如果在做重要事情的过程中，因为其他事情分散了注意力，那是专注力不够。如果具备了真正的专注力，就不会受到干扰。当你取得小的成就时，心情会变好，工作效率也会提高。

因为能够即刻行动，内心获得了宁静。让安宁的内心在日常生活中的某一瞬间感受到片刻的浪漫，也是绝佳的好事。

Rule 126
通过习惯来改变行为

　　我们将通过习惯掌握的事情转化为自身的性格。因此，如果改变习惯，性格也会改变；性格改变，生活就会改变；生活改变，人生就会改变。按照下面的步骤，去改变习惯吧！

- 明确改变习惯的目的，自行领会理解并选择方法。
- 一旦确定，绝无借口，认真去实行。
- 开始时，要有意识地重复，并一以贯之。

　　所谓的习惯改变行为，是人们在无意识时也会重复的行为。通过重复，行为发生改变，习惯和生活就会发生变化。

　　那么，应该什么时候重新审视自身习惯呢？
　　当你下决心想要改变的时候，或者在人生不同阶段的节点，都可以重新审视自身习惯。比如，进入社会时、换工作时、有了家庭时、有了孩子时、孩子长大时、退休离开工作岗位时，等等。
　　尝试重新审视一直以来的习惯，日常生活会因此得到改善，新的人生也会变得更辉煌。

Rule 127
忍耐

想要平复怒气、控制情感，是需要忍耐的。与其将忍耐看作是痛苦的，不如将忍耐当作一种放松的方式来接受。所谓"忍耐"，具体要这样做：

· 不要优先考虑情感的变化，缓和一段时间，然后忘记。这是无须忍耐就能平复怒气、调整心情的方法。

· 将喜欢的物品置于自己身边，特别是音乐播放器、香氛等。这些物品能够让你平静下来。

· 将"忍耐"的"忍"看作"认同"或"承认"，只要认同对方就好，而不是将"忍耐"的"耐"当作重点。

模拟演练

在和他人进行交谈之前，我们可以通过模拟演练减少因自己疏忽大意和无益的行为伤害到对方的情况。

体育选手站到起跑线之前，会预想哪个阶段该采用什么动作，这是基本的做法。在日常生活中，通过各种模拟演练，我们也能够实现创新、发现乐趣。

如果能够经常进行模拟演练，失败就会减少，可以不必反省自己，做到安稳度日。

Rule 129
保养

　　健康管理是十分重要的。无论是独自生活，还是和家人一起生活，我们都要充分意识到，如果自己身体垮掉，会给身边的人带来极大的麻烦。

　　当身体状态好的时候，人们会赞同上文的这种说法。然而一旦身体垮掉，人们就会转变态度，认为这是没有办法的，希望身边的人对自己更好一些。其实，如果能够做到好好保养，你就能步调轻盈地生活。

　　· 身体垮掉是自己不小心造成的，因此要加以留心。

　　· 有人认为体型是天生的，不是后天自己的原因造成的，觉得毫无办法就放弃了改变。但如果你真的想要改变体型，也能通过自己的行为让体型变得更美。

　　· 改良姿态，正确呼吸，即使只是定期进行深呼吸，也能够使得身体状况和体型变好。

挑战

做各种事情前，试着在前面附上诸如"有意思""做起来很愉快""对别人有帮助"等条件，这会使挑战变得正当化，也能够作为自己的目标。如果我们连身边的小事也试着确立目标，并且想象完成后的景象，情绪就会更高涨。

一个人一旦有了目标，好的信息就会聚集过来。你要有意识地去筛选，发挥自己一直以来的专业优势，进一步扩展思路。

· 挑战自己一直没做过的、脱离自己专业领域的事情。不要限于主场，在客场的活动才可以称为挑战。

· 必做的挑战，会让生活更具有活力。

· 挑战新环境，从众多具有可能性的选项中选择其一，自己确定选择什么。可以说这正是生存的喜悦吧。

Rule 131

换位思考

虽然我们想对任何人都体贴，但很难真正做到。因为在想象、思考对方的处境之前，自己的想法已经先入为主。虽然人们常说要完全不考虑自己，进入无我境界，对此我想反驳，如果不考虑自己，我们还能做什么呢？但在换位思考时，我们可以按照下面的方式去做。

- 只考虑对方，把握准确情况。

- 正确地理解对方，才有换位思考的意义。

- 在此基础上，确定自己适合哪个角色。

- 训练自己，转换视角。

Rule 132
演讲阐述

　　所谓演讲阐述，主要是在商务活动中，提出新计划时，向对方"阐述还没成形的东西，传达对方尚不了解的信息，使之理解并接受"的行为。实际上，对于家人和朋友，这种行为也是有必要的。如果能够正确表达并得到对方认可，就不容易产生误解。无论工作上是否需要，我们都有必要掌握演说的基本原则。

　　• 用简洁的方式准确地传达还未成形的东西，首先要展示画面。即使你画得不够好，也要配上图画进行展示。

　　• 演讲人的肢体语言、姿态、服装要有魅力，这一点十分重要。采用具有好感度的说话方式，例如让人亲近的、令人欣慰的、能够产生共鸣的表达方式，比起快速说话，这种能够感动对方心灵的说话强度和柔和的说话方式更会给人平静、稳重之感。

　　• 表情也要配合内容而富于变化，要体现出诚实（既不战战兢兢，也不扭捏妖娆）。姿势要正确，动作要流畅，减少活动幅度。

- 最后才是内容。

- 演讲时，配合图画进行解说，会给人留下深刻印象。也就是说，在分享视觉的那一瞬间，加上一句出人意料的点睛之语，也是演讲阐述的要点。

20 世纪 90 年代以后，演示软件层出不穷，照片、动画、插画、动漫等都可以使用。比起演讲，更重要的是展示的过程，不仅使用文字、图画和照片等手段，还要精准地抓住人心，让人迅速做出反应。

选择适当的方法，充分使用这些软件吧！能够掌握现代化的技能也是一种教养。

Chapter 5

掌握沟通技巧

失去与他人的联系，人们将无法生活。人与人之间通过温暖的情感来感知对方，通过具有温度的交流加深彼此的情感。让自己保持温暖的情感，努力将自己与他人之间的情感关系变得更美吧！

所谓沟通交流，就是表达彼此间的温暖情感。

语言和行为是一体的

　　语言和行为是一体的，在生活中，行为和语言具有相同的作用。也就是说，和家人与朋友之间，如果语言上做到尊重对方，就算交流中使用省略了的敬语或是简单的语言，行为上依然是尊重对方的，相互之间的对话仍然是温柔且具有温度的。

Rule 133
制造礼貌语言的连锁反应

　　要保证沟通能顺利进行，最重要的是要做到尊重对方。每个人都希望自己被重视，我们可以用礼貌的行为和语言表达对他人的尊重。

　　说话保持礼貌，对方也会变得礼貌，双方都会心平气和。礼貌的语言会带给对方连锁反应，可以说这是一个自身习惯明显影响对方的例子。把自己当作范本，让礼貌产生连锁反应吧！

Rule 134
尊重对方和他人

　　沟通中要尊重对方。即使彼此关系亲密，当其他人在场的时候，说话也不要过度随意。强调彼此之间的亲近感，有可能让其他人产生一种被疏远的感觉。

　　学会读取对方的情绪，同时也要考虑到身边的其他人。这样一来，我们身边的人也会尊重对方。如果能够如此体贴，人与人之间就不会产生龃龉了吧！

　　交谈是种愉快的消遣。如果无论对谁都能说出传递快乐的语言，就能够做到尊重对方。在说话之前，要先问问自己"这样做可以吗"，然后选择不伤害对方的语言。与人交谈的时候，尝试寻找更好的、更快乐的语言吧！

交谈的基础是倾听而非讲述

交谈最基本的原则是要倾听对方，让对方焕发光彩，才能让彼此都快乐。

有时，我们不等对方把话说完便急切地想要打断，但有效的沟通是要等到对方讲完再进行的。如果我们一直倾听到最后，或许不必说什么，只需要表示赞同对方的观点即可。这样，对方也一定能够心情愉快地倾听我们。

善于倾听的人之所以受欢迎，或许是因为他们让别人感觉自己的话讲完了吧！

- 不打断对方的谈话，是交谈的基本要求。

- 比起听你说什么，对方更主要的是看你在做什么。表情和举止、语言、心情高度统一时，更易于传达自己的想法。

- 交谈中，70% 的时间用来倾听对方，发表意见的时间保持在 30% 以下。

- 倾听对方时，要保持这种心情：我想了解你、倾听你。

Rule 136
擅长说话，即擅长附和

　　有些人保持沉默并不是什么都没有思考，而是一边倾听别人说话，一边在思考当对方问起时自己该说些什么。但是，无论怎么附和，如果没有认真倾听，对方都可以看出来。为了做到认真地倾听他人而不感到疲劳，有必要和对方站在同一角度，而不要对立。

　　巧妙地附和对方，可以让对方说得更完整。分别时，如果被倾听的人说"今天真是愉快"，然后高兴地离开，那就是巨大的成功。

擅长说话，即擅长称赞

有时我们想要称赞对方，却不知如何进行。有的人总说自己没有思考，实际上是不懂称赞的方法。从称赞家人和亲属开始，养成"称赞的习惯"吧！比如你可以尝试使用"那件事让我深感钦佩""心生向往""您平常就很美，今天格外耀眼啊"这些称赞语。

请注意称赞的场合与时机。当还有与对方同等水平的第三人在场时，如果不能把控好称赞的语句，可能会让人误认为"只是夸他，不夸我"。如此一来，不仅是你自己，就连被你称赞的人也不会获得对方的好感。

相反，当你被称赞时，不要畏缩害怕，可以回答"感谢之至""谢谢"等。相互称赞也是很好的。

Rule 138
擅长寒暄，即善于抓住寒暄时机

所谓擅长寒暄，是善于把握与对方寒暄的时机。

一天开始的问候，即早晨与对方碰面时，首先自己要主动发出问候。当然，打电话也是如此，从问候开始，然后进入正题。结束时的寒暄也很重要。要重视结束语的表达，内容要包括感谢之情以及还想再次见面的想法等。

另外，聚会时和他人寒暄也是非常重要的。寒暄的时机和用语是决定性的内容。注意避免长时间与同一个人交谈，富于智慧且温柔的简短交流很受人们欢迎，进行得越多越好。

Rule 139
注意措辞尽可能不招致误解

　　朋友之间、家人之间、职场同事之间，均有各自不同的隐语或是习惯性语言。在客户单位的会议室里，或者是有不相识的人在场的时候，不同场合都有不同的语言。我们要学会巧妙地区分时间与场合，根据不同的对象使用不同的语言。

　　即使关系亲密，也有可能因为无意识中使用的语言而招致误解，因此我们要注意分寸。

　　很多时候，年龄的差距会造成语言上的误解，这一点也是必须考虑的。即便是现在大家都在广泛使用的表达方式，对于老年人来说也可能难以理解。根据年龄与生活环境、经验与职业、时代性（现在怎样使用语言）等的不同，我们要注意语言使用方式的不同，这样可以减少由此产生的分歧。

Rule 140
不说什么要好过说什么

　　保持礼貌，善于向对方表达尊重。有时候，比起说什么，不说什么也许更好。多余的话，大多会招致失败。

　　不必要的话还是不说为好。人们想说自己知道的事情，只是为了让自己获得满足。比起满足自己说的愿望，不如站在对方的立场思考，也许这样对双方都好。如果是对方不便言说的话题，即使自己很了解，也忘掉它吧。只记得对方的好事，是人际交往的上策。

Rule 141

聚会中，
采用外交官式谈话和演说的谈话方式

据说，外交官在聚会等场合会采用只有对方才能听得懂的说话方式。我们平时也要注意隔墙有耳、隔窗有眼，必要时采用只有对方才懂的说话方式。

为了将内容只传达给对方，要面向对方说话，即使声音小也要发音清楚，并在内容中加入彼此相通的隐语。为了不引人注意，要在短时间内结束谈话。即使相互有争论，谈话也要简短，做到不深究。

在咖啡厅等公共场合进行闲谈时，如果时刻采用只有对方才懂的外交官式谈话，就会更放心。交谈时要使用好听的语调，即使不相干的人听到也不会感到刺耳。

• 很多人一起说话时，特别需要注意表达清晰。呼吸对发音是否具有穿透力以及音量的控制等都会起巨大的作用。你可以尝试进行腹式呼吸练习，由鼻子吸入，再从嘴吐出。

• 为了保持发音清楚、舌头灵活，就要多张开嘴练习，

可以用日语的"アエイウ エオアオ"[1]进行元音的练习，或是通过绕口令等练习清楚明快的发音。

· 做到说话内容易懂，表达方式富有魅力，语调抑扬顿挫。说话时也要配合对方的呼吸，如果能在对方易于吸收信息时传达给对方重要的事情，容易获得成功。

· 声音高亢就是可爱，这是种误解。据说日本女性的说话声音音量是世界第一高，这样说话是否有魅力要视时间和场合而定。了解自己的音高和音调，尝试练习低声说话吧！

---

1 这是初学者学习日语时，常用的日语母音的发音练习。打乱日语母音"aiueo"的顺序，来训练学习者口舌灵活，是一种口型操。读作"aeiu eoao"。

Rule 142

谨慎对待口头禅和流行语

有口头禅是让人难以接受的说话方式之一，下面按顺序举例说明：

- "嗯，嗯""对，对""是，是""这样啊，这样啊"，每句话总是说两次。其实，当你附和别人时，只需要说一次"是"或者"这样啊"，就能给人以准确、利落的美感享受。还要注意的是，不要拖长音调说"这——样""那个——""这个——"。

- 以下这些口头禅会让听者感觉沮丧：如"很忙""很累""没时间（没有预算）""没有意思""无聊"等等。

- "但是""因此"是表达否定的连词，要避免使用。

- 如果总是使用相同的形容词，如"好厉害""好可爱"等，词汇表达会越来越匮乏。

- 如果说话末尾加上缓和语气的说法，比如"……是因为这样""……最后成了这个样子""……这样做可好呢？""允许我来做……""为您做……"，那你有必要重新审视自身常用的这些口头禅。例如"为您做……"是从幼儿语

198

言中派生出来的，大多时候该说"为你做"或者"做"。[1]

　　任何人都会受到所处时代的流行语言的影响。当你感觉词语用错了或者语句不协调时，就试着重新审视自己的习惯，尽可能减少使用不当的言辞。

1　此处是日语语言常见的用法。在日语口语中，说话结尾处加上以上说法，目的是使得语气变得柔和，或者缓冲说话直白的感觉。在作者看来，可以省去这样的表达，使用更直接的说法。

Rule 143
如何回答提问

如果有人叫你，要及时面向对方并微笑着应答。当你被他人提问时，要回答对自己和对方都无碍而妥当的答案。

- 对方会对无关紧要的回答感到失望，因此即使是很小的问题也要给予一句有魅力的答复，这会很棒。

- 有时会遇到伤人的问题，但请先不要激动。

- 面对伤人的提问，不要说教，也不要挖苦，而是若无其事地将对方引导向别的方向。如果感到十分困扰，可以选择反问对方。

- 因为如实回答而伤害到对方，损害了自己的教养，是件很遗憾的事情。我们要做到相互理解，对方了解真实情况却不说出来，有可能只是不希望被别人提起，并不是说谎。

- 对方还没有意识到的事，如果是好事就可以说。即使对方当时没有做出特别的反应，之后明白你所说的，心情定会变好，人也可能因此变得更积极。

· 如果希望促进对方进行反省，也要保持沉默，只是倾听对方。对方会认为自己被理解，因此心情大好，当他们恢复平静后，多数会主动进行反省。

Rule 144
说对方想听的话

当我们与人沟通时，如果能够说出对方想听的话，就非常完美。话虽如此，但如果像讨好权势者的小人一样，说一些谄媚奉承话，那么自己也不过是个小人了。正确的做法是，选择对方能够接受的语言，而不是说谄媚奉承话。

对方不能接受的谈话是没有意义的。为了让对方接受，有必要说对方期望听到的，或者在对方能够理解的范围内说出你想要表达的内容。

此外，说些能够提高干劲的话，也会给大家带来鼓励。互动良好的交谈，一定能够加深人与人之间的情感。

Rule 145
说话简洁

做报告或说明时，人们期望的是不加入个人情绪的、正确简洁的、毫无废话的说话方式。但闲谈时需要的是表现力丰富的、饱含情感的、不由自主引人入胜的谈话技巧。

尽管如此，我们在闲谈时也不要喋喋不休、废话连篇，要做到主题明确、重点突出和结尾清晰，这与做报告是一样的。当你充分意识到这一点后，就可以努力让交谈变得更可期待、更具娱乐效果。

与其同时快速说出许多事，不如用精准而简洁的语言慢慢地说，这样更为理想。如果可能的话，你可以使用一语中的的"超级语言"，这样能够给对方留下更深的印象，更易于传达给对方自己想说的话。

即使是一句简短的语言，其影响也可能会反射到自己身上。语言如利器，要注意"不伤人亦不伤己"。

即使认真思考过自己想要表达的内容，对方也可能会产生误解并受到伤害。如果伤害到对方，要立刻道歉，并注意不要有第二次。

Rule 146
提前掌握简短演讲的形式

当必须做自我介绍或是突然被要求上台致辞的时候，如果不具备大量的实践经验，应该很少有人能在完全没有准备的情况下成功地完成吧。有实践经验的人往往能够迅速应对，那是因为他们总有所准备。

请准备一分钟左右的自我介绍吧。准备时，你也可以提前参考好的致辞范本，记住讲话和致辞的基本形式——首先是祝贺对方的语言，然后感谢对方的邀请，接下来提及自己被邀请参加活动或聚会的原因、自己与对方的关系、对今后的期待、愿望和祝福等，最后再次感谢大家并结束自己的发言。

Rule 147
开口时机恰到好处

交谈中最重要的一项基本内容是把握说话的时机和说话的节奏。即使说话不多，但节奏把握得好，"说话具有准确性"，也是绝佳的交流方式。在此基础上，如果能以积极的、具有活力的、快乐的心情说话，身边的人也会受到感染，心情变得快乐起来。

不要试图只说些有趣的话，如果说话能够做到诚实而有趣，彼此间也能进行愉快的交谈。在恰当的时候开口，让交谈变得快乐而具有幽默感吧！

Rule 148
向电视剧学习说话技巧

谈话需要教养和智慧。平日里按照自己的想法整合知识，就能培养出自己独特的教养。对于知识，要求甚解。

减少过度准备，交谈前进行模拟演练。想强调这个又想突显那个，考虑得太多，谈话就会不自然。其实，让人感觉自然的说话技巧就是好的谈话技巧。想要提前了解什么是自然的谈话流程，就有必要进行模拟演练。

小说、电影、戏剧、电视剧是模拟演练的宝库。这些作品不仅能够陶冶情感，而且通过客观而知性的分析这些影视作品，我们也能存储大量的做事流程供自己日后参考。

尽管影视剧的故事有时会很复杂，但基本上都由三幕构成。第一幕是时代背景，登场人物的解说，事件的开端；第二幕是高潮，描绘故事的主体以及人物间的情感纠葛；第三幕是问题的解决、结束以及故事发展趋势的演变与说明。

这和简短谈话以及工作的演讲阐述相同，都要做到有起承转合，结构完整，引人入胜。当然，最重要的是让我们感觉到参考这些影视剧有助于提高自己的能力。

Rule 149
收集活力满满的语言

　　语言具有传情达意、表达思想、汇报现状的作用。我们在汇报工作以及在医院求诊的时候，要选择正确的语言，即要保证语言准确易懂、不带情绪、不加修饰。而日常与人交流时，则要注意加强情感的表达，使用让人感觉身临其境、心情愉悦的语言，给对方打气，以增进彼此的关系。

　　能让人心情高涨的语言就是好的语言、美的语言。我们要努力做到只说积极而肯定的语言。

　　丰富自己的语言，增加能够描述自身体验的语言吧！寻找、收集快乐、美丽的语言，以及与这些语言相关的词汇。

　　例如，与人分享话题时，可以加入引发人们美好联想的花草、植物、可爱的动物等，选择和使用能够带来积极联想的词汇。你可以在笔记上记下想到的词汇，朗读出来。然后，再寻找其他词汇。

　　极好的、绝妙的、清爽、萌芽、气氛热烈、巧妙、憧憬、温和、亲密的、努力、心情愉快、美味可口、不屈的精神、彬彬有礼、和蔼的、幸运、柔和的、竭尽全力、有缘、愉快的、正确的、心情好、高兴的、不要紧、温情、刚强、平安、可爱的、勇气可嘉、可喜可贺、幸运的、闪闪发光、真不愧是、好音讯、保重、百折不挠、托您的福、谢谢……

在日常会话中，日语中拟声拟态词的使用明显多于其他国家的语言，如咯吱咯吱、舒畅、雍容华贵、悄然寂静、悠闲、咚咚、闪闪发光、整整齐齐、干巴巴、噼里啪啦等。使用拟声拟态词能够更生动地描绘出现场的氛围。

好的语言表达是内心生活的财富。

多次表达感谢

如果有机会，就说出你的感谢吧！面露微笑地说出感谢是让自己和他人都能感受到彼此之间温情的、简单而有效的方法。例如，"您这样说我很高兴""谢谢"等。

那我们应该在什么时候表达感谢呢？无须思考，尽快说。在哪里说呢？能说的时候，不论何时都不要放过机会，马上就说。思考并寻找感谢对方的理由，向对方表达感谢也是彼此之间的一种交流。

将感谢之情及时表达出来是很重要的，不过，事后再说也是可以的。例如，"刚刚谢谢您""昨天谢谢您"等，这样的话无论说多少次都不为过。

Rule 150

感谢与幸福的关系

心存感谢，能够在不经意间感觉到幸福。有时，并不一定是对特定的人或特定的事情怀有感恩之意，而是感谢"活着"，感谢自己能够得到很多人的支持、得到许多人的关照，这也是在证明自己并不孤独。这些才是应该感谢的事情。

直接向具体的行为或意想不到的幸运表达感谢，这是容易让人理解的。但对于自己看不到的、并非直接的邂逅或是无意中遇到的好事，你也尽可能地表达出感谢之情吧！擅长表达感谢的人能够时刻感受到幸福。

Rule 151
掌握丰富的感谢词汇

　　美味的食物得到好评，大家都说好吃，所以很多人不怕浪费时间，即使排长队也要购买。与此相同，很多人告诉我们表达感谢的重要性，说人最重要的是要学会感谢，所以表达感谢确实是最重要的吧！

　　感谢会带来幸福，所以试着表达自己的感谢之情吧！比起排队购买有口碑的食物，或许尝试说感谢更让人感到幸福。

　　多记些表达感谢的词汇，当你习惯这些词汇后，就能随时表达感谢之情了。

　　而且，表达感谢也是非常谦虚的表现。

　　· 向对方表达感谢，以及回应对方的感谢时，使用的语句都是"十分感谢""感谢您""谢谢"等。无论是感谢还是答谢，都要做到立即说出口，这正体现出这些词汇的丰富含义，而如何使用这些词汇，要看具体的表达。

　　· 要把握时机表达感谢之情。听到对方说"您好吗"，就回答"托您的福，我很好"；听到对方说"您忙吗"，可以回答"我还好，谢谢"。买东西时也是一样，要说"谢谢您，让我买到这么好的东西"等。

· 与不同的人都能以相同的情感温度进行接触是很好的事。无论对谁都能做到有礼貌，能够自然地说出"谢谢"。

· 对于不认识的人，要礼貌地说"感谢之至""非常感谢"，能够自然而然地说出这些是非常重要的。

· 即使对家人也要经常说"谢谢"，这样能够传递"爱的温暖"。家人之间的"谢谢"，也可以当作是一种"I love you"的表达。

Rule 152

细心、关照、关怀、关心、关注

只要我们生存在社会上，关照别人就是理所当然的事。如果不能很好地关照对方，那么我们应该反省自己。但关照别人也是非常难的事，更何况给予关照还不要让对方觉察，不能让对方感到有负担，就会更难。如果感觉到自己被人关照，人们大多会感到心情沉重。我们应该做到不炫耀自己对他人的关照，也不要让对方感谢自己的关照。

有时，即便关系亲近，也会不留神说出有违对方意愿的话，这就是由于不够细心、关照不够造成的。这种时候，道歉是理所当然的，但如果对方不能原谅，也不要恼羞成怒，而是不改变自己内心的情感温度，等待时机，能够相互感谢对方的那天迟早会到来。

下面，我们来培养自己关怀对方却又不让自己感到疲惫的习惯。

- **细心：** 自己意识到对方的某些事，考虑并为对方担心，希望对方一切都好。
- **关照：** 站在自己的立场上，有意识地在力所能及的范围内体贴、照顾对方。关怀下属和孩子是一种关照。感觉到对方需要关照，能够体贴地询问对方也是一种照顾。
- **关怀：** 观察对方的状态，为对方思考将来，因希望对方能够顺利而为对方打算。
- **关心：** 眺望全局，思考未来，照顾对方的现在。
- **关注：** 仔细观察周围，一边环视周围，一边留心看是否有被自己忽视的地方。

不仅是语言，还要从对方的行为和表情中读取对方的需求。通过这些，将自己的人际关系变得更舒适吧！

216

Rule 153

感谢也表现在表情和举止上

笑眯眯的人看起来很幸福。即使有时对方努力隐藏笑容，我们也能感觉到对方身上一定有好事情发生。发自内心的微笑是隐藏不住的，

实际上，你不必试图隐藏微笑，微笑能够感染所有的人。

感谢的语言有很多，从"谢谢"开始，说出能想到的所有语言来表达感谢。但如果说话者表情僵硬，这些就都成了谎言，因为表情僵硬是无法传达出感谢之情的。如果满心感谢，表情自然会柔和起来，眼角会微笑，双臂也会伸展开来。身边的人更需要的是理解，如果能够理解对方，就能分享到对方的喜悦和幸福。

如果把别人的喜悦当作自己的喜悦，幸福感自然会增加。只要微笑，就能幸福。

注意不要放低自己

相互沟通，加强和他人的联系，是人生的乐事。不过，让人感到困惑的事往往也是人际关系的问题。耗费精神与人交往并为此感到疲惫不堪的人不在少数。之所以对此感到疲累，是因为还没有养成关照别人的习惯，如果习惯了，就不会感到疲劳。

关心别人，谦虚地守候在对方的身旁，保持适当的客气和谦让都是很重要的，但一定要注意，这样做一不留神可能有损自己的教养。与此相反，有时说一些自鸣得意的话，也会损害教养。如果因为情不自禁而失去对情感的控制，说了一些不必要的语言，对对方造成的伤害是最无可挽回的。

Rule 154

将抱怨、不满、借口变为提议

把抱怨和不满变成提议，再说出来。在发泄对他人的不满之前，首先要试着思考不满的原因是否在自己身上，这样就能将不满转变成提议。

抱怨的人没有自信，认真做事的人不会抱怨。有的人做事只会半途而废，却对亲近的人说"我只对你抱怨"等，这也是一种不良习惯。一味地抱怨也会让倾听者感到痛苦。

失败后不找借口，努力积累正确的行动经验，这样就没有时间抱怨和心怀不满了。只有当事情做得马马虎虎时，才想要找借口，才会抱怨。

Rule 155
如何说话不带刺

　　说话总是带刺的人，往往是坏心眼的人。我们需要与这样的人保持距离，更不要模仿。

　　话语中的"刺"也会扎伤说话者本身。即使你不甘心，也不要说话带刺，而是换成温柔的语言吧！如果你这样做，马上就会懂得温柔的语言更有效果。

　　不要说别人的坏话。你觉得坏的人，别人也可能有同样的感觉，大家迟早会发现，没必要由你特意说出来。如果无法忍耐说了出来，你会被认定是"说人坏话的人"。当你觉得别人坏，可以采取没意识到的态度，并且避开对方，而不是付诸语言。

　　传言虽不带刺，但也要做到充耳不闻。万一我们听到传言，不必过度探究，不过问才是上策，或者当作耳旁风，或者岔开话题，对传言不予评价。你要意识到，如果参与其中，那么你和传言散播者将是同样的罪过。

对于那些针对自己的，看似逆耳忠言或者半开玩笑性质的诽谤和揶揄，也不要回答，做到充耳不闻，甚至可以转换话题。

听起来让人觉得贪恋金钱的谈话，还是不要参与为好。

Rule 156

了解如何应对被动攻击型人格的人

很多人固执地认为自己是正确的，甚至因为事情有违自己的期待，就责备别人。他们的内心认定自己是正确的，于是谴责、批判别人，说自己这么努力，对方却什么都没做。想要攻击某些事物时，会将对方拉进来，引诱对方说可以那么做、如果不做的话会怎样……也有人顽固地将自己的意志强加于人，口口声声说"拥有某种信念""始于某种信念"等等。

这些人的共同特点是不能清楚地说出自己的想法。有"被动攻击型[1]"人格的人很危险，还是减少接触为好。如果你被迫牵连卷入，注意不要非议对方；要按照自己的方式，告诉对方自己的想法，"虽然不赞同您的想法，但您的心情我可以理解"。

1　被动攻击型人格障碍，也叫被动攻击型人格，或简称被动攻击，是人格障碍类型之一，是一种以被动方式表现强烈攻击倾向的人格障碍。被动攻击型人格障碍的主要特点简单地讲就是：用消极的、恶劣的、隐蔽的方式发泄自己的不满情绪，以此"攻击"令他不满意的人或事。

Rule 157
注意在高档商店的言行

摆出嚣张的态度，让人觉得自己是买得起高价商品的人，或者在高级商店会感到惴惴不安、畏首畏尾的人，都显得很滑稽。无论何时何地，都要做到堂堂正正、保持礼貌而自然的举止和交流，这样看起来会很美。

比起这些，只要有预算（只要有钱），无论哪里都可以随意进入、任意行动，这种想法才是错误的。了解什么店适合自己才是理智的行为。

如果误入与自己不相称的店，那就灵活改变自己，以自然而有礼貌的姿态去交流吧！哪怕并不购买商品，得体的行为也会让店主心情变好。另外，接过商品和离开店铺时都要说"谢谢"。

Rule 158
如何不使用"搪塞的语言"来巧妙地岔开话题

　　有些人想占据优势地位，总是摆出自上而下地俯视对方的姿态。其实，我们要尽可能地注意避免俯视别人，这样反而能够得到别人的良好评价。

　　如果在思考方式和行为上俯视对方，而在语言上表现得谦虚，俯视的感觉还是会传达给对方。即使是无意识的，想要占据有利地位的行为，也有损自己的教养。无论对方是怎样的人，我们都不要忘记表现出对对方的敬意。

　　不要过度参与具有消极倾向的话题，提醒对方真正的中心议题是什么才是上策。

　　切换话题时要重视谈话的目的，明确谈话的参照标准。如果误入消极的话题中，不要打断谈话，而要将谈话暂时搁置起来，说"让我们稍微看看情况再议吧"。

　　当对方有消极情绪时，要保持冷静，放低姿态，等待对方怒气消散。

224

为了不卷入消极谈话中，达到先发制人的效果，人们会在无意识中使用"搪塞的语言"，通过搪塞而使得对方沉默，自己就能感到安心，于是人们养成了无论什么都"搪塞"的习惯。例如"那样的事，你现在明白了吧""怎么都行啊""没有办法呀""你不要心存偏见"等等。即使在亲密关系中，人们也会不可避免地使用这些说法，通过让对方忍耐，强行要求对方勉为其难地保持沉默，达成自己的目的。

不要搪塞对方，尝试倾听对方，对方的怒气会平息，我们就可以将话题转向光明的一面。

越是消极的人，越会使用搪塞的语言，因为他们想要当场终结话题。所谓消极的人，是指那些认为不争吵最好的人，因为他们完全无法说服对方。这些搪塞对方的语言是降低自身教养的陷阱。

如何避免社交语言导致的失败

　　仪式和典礼上使用的社交辞令不具有特别的深意，只是为了维护人际关系。但在日常的发言和问候中，有些语言会让人分不清是社交辞令还是亲密的谈话。如果刚开始交谈就把对方的话当作社交辞令，可能会导致自己无法读取对方说出的重要信息，也无法了解对方的心情。

　　即便对方说的是称赞性的社交辞令，也要仔细倾听才能明白自己在对方眼中的位置。

　　通过社交辞令缓和现场气氛，需要的还是敬意。不要认为对方也觉得这是社交辞令就充耳不闻，发言也敷衍含糊。例如，当你想夸赞年长者时，对他 / 她说"哎呀，好可爱啊"。这句社交辞令并不是夸赞，而是在贬低对方老大无成，没有此年龄该有的成熟。即使你没有这种想法，对方也可能会做出这样的判断。

Rule 160
使用委婉表达

批判是在考虑自己的立场之后进行的行为，但无论怎样反对，正面批评都是危险的。委婉地表达或在背后否定而不伤害对方，才是大家都在用的处世之术。我们可以先肯定对方的意见，然后再提议"虽然这很不容易，但可能还有其他方法""您的心情我懂，但除此之外或许还有其他方法"等。

危险的做法是使用"一般来说不会这样""通常来说不这样做""女人不会这样做""男人不会这样做"等话语否定对方，这样会给人一种被俯视的感觉，或者谁都知道唯独自己不知的感觉。如果让人感觉你的批评只是"一时想起"，轻轻地提醒对方，让对方产生重新考虑的想法，或者即使自己的话被无视也依然能保持委婉，这才是安全的做法。

避免使用断定式的说法和攻击性的语言，要采用稳妥的委婉表达。

不想回答的，不回答就好

　　虽然有些人有时使用的是礼貌的语言，但提出的问题却缺乏教养。当你遇到这种情况时，可以表现出困惑，或者无视他。当你遇到不想回答的事情，不予反应也是可以的。

　　如果你想得到对方真诚的回答，但对方并没有把重点放在这上面，那么你在询问重要的事情时一定要采取好的提问方式。

　　听到缺乏教养的提问，不予反应是合理的。可能的话，我们甚至可以转移话题。

Rule 162

不过度触及他人的专业领域

即使是亲密关系，对于对方有自信、认为是自己专业领域的事情，也尽量不要过度触及。一旦争辩，即使对方认输了，也会让彼此之间产生隔阂。初次见面时，先确认彼此的专业，做到尊重对方。

从谈话的细微之处可以判断对方是什么水平的人，但是如果想法过于任性，会导致判断失误。因此，不要问及私人问题，保持清清爽爽的成人间的对话吧！

Rule 163
也有巧妙的谎言

　　表面上无法看穿的谎言，或一生不会败露的谎言是否真的存在，谁都不得而知。很多时候，人们只是被迫不说出真相而已。连狗和猴子都会说谎，因为说谎是它们的本能。相反，如果没人想听真相，不会说谎的人是会让人为难的。

　　谎言不仅包括伤害别人的谎言，也包括让人平静柔和下来的善意的谎言，甚至幽默和让人感到愉快的话题也带有谎言成分。

　　值得注意的是，马上会败露的谎言会让你失去他人的信任。

Rule 164

成为好的商量对象

当有人找我们商量事情时，如果回答能够让对方认可，自己的心情也会好，但对方是否也是这样就不得而知了。有时我们说得太多，对方反而无法完全接受和领会。

- 讲出启发对方的关键词，等待对方觉察，是为解决之道。

- 对方所有的消极情绪，如愤怒、悲伤和不满等，如果出于同情，使得这些消极情绪与自己的情感发生共鸣，可能会加剧对方的不满。因此，不要过度产生共鸣，要客观地接受对方的情绪，支持对方转向合适的方向。

- 玩弄对方的情感，甚至将别人的不幸当作己之蜜糖，或者出于强烈的同情心而与对方一同情绪低落都是不合适的。

Rule 165
初次见面，享受畅谈

　　不能与陌生人攀谈的人不够成熟。寻找契机与陌生人攀谈也是有趣的，即使不能做到很好地交谈，对方也不会特别在意。初次出入的场合，即使没有熟悉自己的人，你也要有勇气积极融入身边的环境。

- 不必担心和他人谈起无聊的话题会让自己显得没有礼貌。
- 不要胆怯，说出自己的想法，同时要在意身边人的感受。毫无意义地乱讲一通，对别人来说也是种困扰，要懂得适可而止。
- 即使不太能说会道，只要保持笑容也能使气氛融洽。
- 与对方攀谈时，可以自己少说话，努力让对方多表达。比起锻炼自己的说话技巧，更要锻炼鼓励对方多多表达的说话技巧。

Rule 166
对话有主题

一旦找到想解决的问题或者开始关心某些事，就会感觉与这些问题或事情相关的信息向自己聚集过来。但实际上，我们只不过是注意到了一直以来没有意识到的、原本就存在的事情而已。

比起没有主题或者模糊地交往，有主题地与人交往、与物产生联系更快乐，也不会让人感到疲劳。即使工作和爱好不同，彼此间也能够共同分享关于事物原理和基本原则等方面的话题。

只要不是非常亲密的关系，与人交谈的原则都是不触及私人问题。例如，不谈健康问题、家庭纠纷、与金钱有关的事情，不说自鸣得意的话，等等。即使是炫耀自家爱犬的话也不要说。

即使被认为为人不那么心直口快，也不要装模作样地侃侃而谈。只要表现出率真和正直、说话有主题，就能充分体现出独特的自己。

用自己的语言交谈

谈话内容要前后统一、认真而富有责任感。如果人们从你谈话的内容和语言中感到真实性和可靠性，会更加乐于倾听。做到言行一致，让人感觉到说话的真实性，这样的沟通是最好的。

· 对亲密的朋友、家人、陌生人、客户，能够区分使用不同的语言是交谈的乐趣所在，也是高质量交流的表现。

· 无论对方怎样粉饰遮掩，我们都能看清什么水平的交谈才是对方真实的状态。其中的标准由我们自己决定。

· 即使关系亲密，也要把握谈话的尺度，这样不仅可以保持礼貌，也对我们有好处。

· 为了不看起来总是在主张自我，我们要避免使用"我觉得……"之类的措辞。不使用"我认为"，而使用"看来""看起来""感觉"等。

· 对待别人的发言要极力避免否定和反对，并在第一时间表示赞同。即使看出不好结果的情况下，也必须等待对方自己发现，可以说**"您的意见非常好""进一步往下推进会怎样呢"**等。

· 如果能说服对方而不自作主张，这样效果会更好。要使用心中培养的自己的语言去思考、交流，而不是使用学到的知识或者别人的语言。

沟通技巧　之❹　深化情感的纽带

友情和博爱，现实中是可能存在的

　　人人都渴求温暖的情感，一旦失去了情感纽带，人便不能生存。探寻怀念的旧事、思恋遥远的故乡，都是在寻求情感的纽带和温暖情感的线索。现代社会中，好的沟通方式能够加深人与人的情感，是我们应具备的最重要的教养。

　　采用恰当的语言与人沟通，对他人保持敬意。此外，还需要保持应有的温柔，尝试理解对方的立场和想法。

Rule 168
所谓爱，是守护对方

也许你没有意识到，其实我们与家人以及亲近的朋友之间都在给予对方爱。特别是父母对孩子，会通过温暖目光的传递，促进孩子的成长。如果你能够感受到这些爱，那么就还给对方同样充满爱的目光吧！

过度追求只爱自己的爱，是利己的、封闭的爱，不会让他人感到舒适。自己想得到温柔，就要温柔地对待对方；希望看到对方的微笑，就要自己先送出微笑；想要守护对方，对方也会守护自己。所谓爱，就是要相互守护。即使没有相互疏远和彼此顶撞，人们的感情也可能随着时间发生变化，以至于不能保持彼此间的情感温度，于是人们互相折磨、捉弄。

我们可以通过自身的积极性印证与他人之间的关联。积极的人往往被认为是强大的，但是所谓的积极性并不是指自身活力的多少，而是指自己有意识地想面对的方向。

友情的语言及其意义

　　在你的身边、与你的心同在，这就是友情。不仅是金钱的援助，还能够给予精神援助的朋友，才是真正的朋友。真正的朋友是那些总能相互感谢的人。了解对方的个性，并且认同对方与自己的不同，共同进步，都是极好的事情。

　　能够做到始终如一、不改变心意的朋友，你有几个呢？数量不重要，即使只有一个这样的朋友就很棒了。

　　友情是不背叛、始终相信对方。不做努力，却希望彼此间关系能够变得亲密，这是不可能的，朋友是不会从对面走过来的。如果朋友走向你，你却视而不见，也是很遗憾的。因此，首先要将自己的心意转变方向，积极地去接纳朋友。所谓的良友，是能够与我们一起成长的人。

　　当你与朋友说话时，即使使用的措辞较为随意、有所省略，也要比平常超出几倍地关照对方、顾及对方的感受。如果因为不拘束的想法或者疏忽大意就说出任性甚至伤害对方的话，后果将无可挽回。

如果关系不够亲近，说错话的后果会随着时间和闲言碎语而渐渐消散掉；但如果彼此关系亲近，必须要多加留意，无意中说出的话会成为对方心底的芥蒂。

帮助自己的人是亲近的人，正因为如此，我们必须珍惜彼此的关系。能够尽兴说话、毫不隐瞒、什么都能说的是朋友，但想要守护友情，就有必要尽可能地珍惜对方，给予对方体贴和关照。

首先要不露声色地了解对方的生日，并及时送上自己的祝福。收到"还好吗"的问询，要回答"托你的福"，并告知对方自己的近况。如果拍了对方的照片，要记得发送给对方。如果对方取消约定，也要原谅，但自己要遵守约定。要做到重视对方的想法。约会结束后，也不忘感谢，并告诉对方自己很愉快。偶尔还可以对朋友讲一些无条件接纳对方的话。

以上这些是能够长期保持亲近关系的要点。不要忘记，要珍视好朋友的点滴魅力。

Rule 170
常怀慈悲之心

怜悯是向身处痛苦的人表达温柔情感的行为。有时即使同情对方，自己却完全无能为力；或者有时对方还不清楚自己所处的困苦状态，因此并无所求，这种时候，通过不断付出自己的温柔情感，对方也能和你一起变得温柔起来。

慈爱同时怀有怜悯之心，是要与所有人保持平等的友情。慈爱是母亲给予孩子的无偿的爱，怜悯是温柔而温暖的情感，是从心底里给予对方的支持。

从自己开始，保持平等的友情吧！如果大家都能达到博爱的境界，那么我们的社会就会成为成熟的社会。

Rule 171

让内心的温度保持恒定

人们都在寻求温暖的情感，即使是非常冷漠的人也是如此。相互给予温暖，是人与人之间的情感牵绊。

保持内心的温度，最重要的是要保持温柔、不变的温暖心意。但很多时候，人们放任自己的想法，使得彼此间的情感温度发生了一定的变化。在彼此相遇时，不要对性格不相投的人说"感觉不到对方内心的温暖"这种话，而是可以采取中立的态度。

与曾经关系亲近的人也是一样，见面的次数变少，或许是因为某些分歧而产生误解，伤了对方的心。随着时间的流逝，新的朋友或者团体会慢慢成为我们生活的重心。许多变化会轻易地改变人与人之间的情感温度。情感温度的改变，会进一步加深彼此间的误解，以至于让我们更加难以做出正确的判断。

总的来说，保持稳定的情感温度，无论是对保持自身的客观性，还是保护与朋友之间的情感纽带，都是很重要的。

- 如果从对方的行为和语言中感受到情感的变化，既不要追问对方，也不要紧逼自己。保持原状，接受事实，这样的胸襟是必要的。

• 即使意识到对方的情感发生了变化，与自己的关系已经无可挽回，也不要改变自己的情感温度。

• 温暖的情感没有大小，因此哪怕感受到一点点对方的情感，也要感到高兴，并心存感激。

• 即使自己保持恒定的情感，如何接受对方的情感变化，也是个很难的问题。为了具有相应的气度和胸襟，你可以试着让自己的心胸变得更宽广。比如可以将事情搁置一段时间，不要急于确认，对彼此的情感变化也不要过于忧虑，可以通过别的事情理解对方，等等。

• 内心温暖，就能保持活力。就像大家会鼓励生病的人，试图一起温暖他的内心一样。如果病人的内心温暖起来，也有助于他恢复健康。彼此之间必须要注意不能凉了对方的心。

• 只接受好事，内心的情感温度自然而然就不会发生变化。

• 情感的温度与人们的气度有关。保持自身的情感温度，才能维持你自身的气度。情感温度恒定与否，是衡量气度的晴雨表，如果能够保持情感温度的恒定，便是具有气度的表现了。

Chapter 6

建立生活规范

　　职业和地位说到底不过是种责任，并不是我们人生的全部。无论是谁，无论从事什么职业、身居什么职位，磨炼自己、促进自我成长、满足自己才是人生的关键。所谓的寻找自我，目的不在于"寻找"，而是要"创造"自我。

　　为此，在最后一章，我们将通过建立自己的"生活规范"，来培养让人感到自然又愉快的教养。

生活规范 之❶ 人生的目的和目标

试着思考制定自己的生活规范

人们在实现生活目的的过程中会遭遇挫折，但无论是谁，生活的目的都是"保持美丽和获得幸福"。自古以来，人们便具有这样的想法，也用各种各样的形式传递美和幸福，但遗憾的是，让人感到困惑的事情太多，因此我们无法轻易实现生活的目的。

许多人希望自己能够对他人有益，或许对他们而言，帮助他人会感觉到幸福吧！

为了实现生活的目的（保持美丽、获得幸福），你会确立什么样的目标呢？

Rule 172

将目标与今天的行动结合

目标是为了接近最终目的，也是我们为了实现目的而设立的阶段性标记。为了实现目的，我们要把阶段性的目标与现在该采取的行动相结合。

为了实现目标，我们要先了解今天应该做的事，这样就会与昨天有所不同。如果今天做的事情与目标相关，那么就会更接近目标。一旦行动起来，我们往往能够惊喜地看到意料之外的方向。

目标是接近目的的里程碑。让我们面朝目的，不断实现小的目标，努力前行吧！

Rule 173
将目标与目的结合

　　有人会感叹"无论做什么都没有成果""付出的努力没有回报"，这是因为尽管他们有想做、想了解的目标，却没有事先确定整体的目的，所以不知道为什么要做。如果明确了目的，就一定会有成果。

　　完成一个又一个目标，并不是浪费时间，而是为了实现目的。因此，无论我们做什么，都要有益于实现目的。

　　· 目的：最终的目标。无论发生什么都不动摇，是最终要实现和到达的地点。

　　· 目的就是"幸福"和"美丽"，目的是具体的表达，对于想要获得幸福和保持美丽的现实生活来说，目的表现在具体的行为、事物、空间、环境等方面。为了实现具体理想，就要确立目标。

　　· 目标：要确立目标，一步步接近目的。目标落实到生活中，具体包括工作（工作本身也是生存的价值）、经济情况（生活预算）、健康与休养（兴趣、运动、睡眠、吃饭）、社交

（或多或少的人际交往）、自我提高、社会贡献等，无论谁都会进行这些活动。我们要考虑这些项目需要花费的时间，在谋求彼此平衡的同时确定目标，以便更接近目的。

应对忙碌的工作

只是活着就足够忙碌了，更何况工作中我们有目标的设定和日期的限制，因此感到忙也是理所当然的。那么，该如何消除这种忙碌的感觉呢？

所谓忙，是不知该如何着手工作的状态。

首先，不说"我很忙"这句话，能够缓解忙碌的感觉。为了理清该做的事情，你可以将想完成的事全部记录下来，然后排出这些事项的优先顺序。每完成备忘录上的一件工作，取得的小成就会转化为能量，下一件事就完成得更快。想象自己一件一件地完成，你的工作速度就会加快。

预估所需的时间。根据曾经做过的事情和与之相似的工作花费的时间进行预估。调整时间，训练自己的计划性。

开始工作的瞬间，就集中精力投入进去，给自己一个开始的信号。

如果你感到忙碌，是因为内心不够从容。你可以每天早晨打开窗户，感受风的流动，看看随风舞动的窗帘，恢复精神，重新振作，你的效率就会提高。

如果能够很好地确立工作计划和工作的推进方式，就不会把工作量的大小与"忙"这个词联系在一起。如果一个人能够很好地按步骤推进工作，那是因为他的内心很从容，而不是因为工作量的多少或是别人的问题。另外，能够坦诚地接受别人的好意和协助，也是一种从容。

能够掌控工作，人会变得快乐。对自己能够出色完成工作的期望过高，也会导致失败。即使被人称赞做得好，也可以当作一种鼓励。

与金钱有关的生活规范

不论是做大事业还是做小事情，人们都可以使用"没有预算，所以不能做"这句话。当人们不想做某事时，就会把这句话作为辩解，有时也会当作借口用来拒绝难以拒绝的事。不过无论怎样用，或是用在什么地方，这句话都是借口，这一点并无分别。

不找借口也是一种利于自己实现目标的生活方式。与其找借口拒绝对方，不如在自己力所能及的范围内接受，才是更为堂堂正正的生活方式。

珠宝首饰的销售人员不会向不买的人展示珠宝。骗子和销售高手不看对方的预算多少，而是看对方本人，也就是所谓的嗅出金钱味道。试图用金钱解决麻烦事，或者认为"只要有钱什么都能办到"的人很容易对付。人一旦被金钱俘虏，就会轻易地被金钱愚弄。

于是有人问："如果自己踏实可靠，就会有钱吗？"这要看你如何努力，以及时机是否成熟。我们要确立自己的生活规范，对于金钱上不能尽如人意的事情，要采取坚决放弃的态度。

话虽如此，没有预算，没有时间，反而是内心不够从容的表现，这一点上并没有不同。

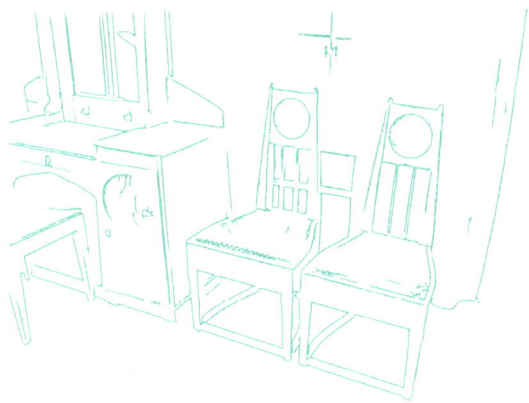

Rule 176

珍惜时间

如果能够意识到时间是有限的，"此时此刻"不会再有第二次，你就能明白时间的重要性。在彼此共同的时间里，高效率地实现目的，才是对时间的有效利用。珍惜时间有以下两层意义：

第一，遵守时间即遵守约定；第二，珍惜时间即珍惜对方。

遵守开始时间，也遵守结束时间，如果我们能养成这种习惯，就能养成遵守约定的习惯，即使是自己的时间也是一样的。从各方面来看，"时间就是金钱"。

约定见面，不要迟到。如果是你第一次去的地方，就需要提前到达并适应环境。如果你能养成有效利用等待时间的习惯，太早到达也不会担心无事可做。

比如，你可以写生。你可以将小的写生笔记本和记录工具放在包包里，利用等待的时间画眼前的事物。无论画多少，即使不擅长，写生对养成"与物相对"的行为习惯也是非常有益的。

我们总是想等有空的时候再做，但总是没空。从自己的爱好中发现时间的价值，其实时间都是自己的。我们可以平等地考虑想做的事和必须要做的事，将时间用在应该优先做的事情上。

用运动员的精神对待"不想做的事"，正确地与时间竞争；像艺术家一样做"想做的事"，不要在意时间，无限专注地去做。

记挂的事情不要拖延，想到的瞬间就去处理。其实，拖延和立即处理需要的时间相同，但如果事情攒在一起就需要大量的时间处理。如果能够立即处理，产生成就感的同时，你也会掌握做事的技巧。

认识到二十四小时都是自己的时间，珍惜每一个瞬间，努力让每一个瞬间发光，你会意外地发现自己的内心也变得从容起来。

不要觉得难以随心，如果能够很好地控制时间，你就会收获清爽的心情。

把控日常行为所需要的时间

现代人过度依赖智能手机，甚至很多人认为，智能手机的重要程度仅次于自己的生命，这是非常危险的。即使人们生活在数字化时代，也仍然需要使用一些传统设备。例如看时间，人们已不再单纯使用手表，如今女人的手表的功能已经接近于手镯，成为饰品之一，男人的手表也因其昂贵成了一种身份的象征。不过，比起这些钟表，我们更有必要锻炼自己体内的"钟表"。

提高体内生物钟在时间上的精度，大致把控和感知从开始到现在已经用了多少时间，就可以测算所需的时间。

同样也要适当地把控主要生活行为所需的时间。一旦能够把控所需时间，便能够很有效率地推进日常生活。如果了解这段时间能够做什么，就能有效利用碎片时间，因没有时间而感到慌乱的情况也会减少。

为此，要计算日常行为所需的时间，例如洗澡、刷牙、化妆等，记住自己所有生活行为所需的时间，树立正确的时间观念。

　　最重要的是睡眠时间。结合自己的身体情况，确保足够的睡眠时间，以起床作为开始，来合理安排一天的时间。

考虑到自然规律的生活规范

　　日本人认为，在宇宙中，人与自然是一体的，人是自然的一部分。但在西方，人们认为自然由神创造，人也是由神创造的，从所处位置上看，人位于自然之上，因此人们具有强烈的征服自然的愿望，工作也被认为是接受"神"的处罚。

　　对于日本人来说，人与自然是一体的，自然不断变化、拥有四季轮回，工作是赋予我们的职责，也是一种喜悦。众所周知，自然是至高无上的老师。日本人想要追求极致的特性被发挥在工作当中。工作是快乐的，是生存的意义。而且，人与自然都是宇宙的一部分。

　　顺应自然规律的生活规范，是要保持健康与休养的平衡，不要一发现适合的模式，就将自己锁定其中。人们的身体特征存在个体差异，在这个地球上，既有不睡觉的人，也有不吃饭的人。

　　曾经，人们日出而作，日落而息，这是休养的原则。但现在，对于那些不管白天黑夜都有工作的都市人，难以肯定地说熬夜不好，也许有人在夜晚工作的效率会更高。

不过近年来，即使在城市里，早起的习惯也渐渐成为主流。相应地，人们也就养成了入夜必须早睡的生活习惯。

对日本人来说，"季节感"是心灵和生活的依据。日本文化的根本在于欣赏四季之美，享受一年四季的各种节日活动，并将其作为生活中的喜悦。日本人在日常生活中十分简朴，但却重视节日。每逢节日，日本人会在衣、食、住等各个方面充分发掘生活的美。

人们通过这样一张一弛的庆祝活动，建立起生活的节奏，也通过与家人一同参加节日庆祝活动，加强了彼此之间的情感联系。想要更加愉快地度过日常生活，就有必要开展区别于平时的节日庆祝活动。因此，把纪念日或者家人的生日当作身边的节日，和家人一起庆祝享受吧！

培养新的生活习惯吧

　　人们的生活往往是靠习惯来组织运营的。人们往往认为自己与他人的习惯相同，但实际上，每个人都有不同的习惯。例如，从食物的喜好到吃饭时间、进餐次数、睡眠时间、入睡时间、洗澡时间、冷热感知程度等，每个人都不尽相同。

　　大脑让身体动起来，去执行自身习惯养成的固定内容。不用对大脑发出特别指令，大脑就会自动运行。但是如果环境（居住场所、居住形态、家人）发生变化导致必须改变习惯时，人们就会不知所措。工作内容、境遇和立场等变化时也是一样的。习惯很方便，因此改变起来也很麻烦。不过，改变一直以来的习惯也能提高身体功能的活性，是一种积极的重启设置。

Rule 179

极其罕见的好习惯

如果想轻松地生活，理想的状态是将生活委任给好习惯。为此，我们首先要建立自己的生活规范；其次，如果能够创造出经营生活的自我文化，那会是极其罕见的好习惯。

- **保持健康是最基本的好习惯**：午睡 15 分钟，锻炼肌肉 10 分钟，走楼梯、跑步或者散步 15 分钟；外出带水，减少在外用餐次数；休息时做伸展运动，比如伸懒腰、深呼吸等。

- **保持求知欲**：读书 10 分钟，记忆一句英语口语、谚语或诵读古典作品。

- **坚持创作**：随时记录灵感，制作布艺，写生，摄影。

- **日常理财**：核对发票，每天存钱，检查不需要的物品，从而提升生活品质。

- **心理习惯**：多称赞他人，多向他人展露笑容，写 1—3 行好事日记。

- **按照自己的原则培养内在的习惯**：搜集体现温柔的词汇，保持手写习惯。

- **培养提升自己的习惯**：写出自己的优点。

提高注意力的习惯

想提高注意力，有必要控制心中的压力。一旦内心焦虑，注意力就会分散。暂且不论精神状态如何，如果你具备仔细工作的习惯，即使偶尔注意力下降，也能减少因粗心大意导致的失误。

注意力和专注力之间有着微妙的关系。持续地集中意识面对一件事物，这是专注力；做一件事的同时也能关注到周围，这是注意力，也是关注全局的能力。我们必须一边专心集中，一边将意识分散到周围。例如，开车时就同时需要专注力和注意力。

- 持续集中专注力和注意力会导致身心疲劳，因此我们要**进行充分的训练和适当的休息**。
- 在重要和必要的事情上充分发挥注意力。一个人很难周全地注意到所有事，如果认为自己已经习惯了做某件事而掉以轻心，就会产生问题。因此，我们有必要慎重发挥注意力的作用。

- 迅速明确事情的优先顺序。需要同时注意多件事的时候，要明确应该重点注意哪一点，据此分配精力，就能顺利而有效地使用注意力。

- 结合自己的缺点和弱点，平时要意识到自己应该注意的内容。

- 考虑自己和对方身处的复杂状况，不要将事情全拜托给对方，产生问题也不要归罪于对方，要相互配合，还要注意避免让自己的粗心大意发展为灾难。

Rule 181

磨炼选择能力

　　人在一生中会面临众多选择，不仅会遇到人生的重大节点，就算是在平时的生活中，也会做许多小的选择。选择能力是决定人生的重要能力之一，但人们的所有选择都未必能有意为之。让我们有意识地进行选择，从提高选择意识开始吧！

　　· 所谓轻率的选择都是因为一瞬间的恐惧而进行的自我防卫，是考虑自身的利益或一时的方便而做出的选择。

　　· 喜欢做选择的人甚至连别人的事情都代为选择。从结果上看，有时选择的结果是好的，有时并非是好的。你要意识到，即使拜托他人代为选择，那也是你的选择。

　　· 所谓选择能力包括各种内容，一是速度，二是要考虑将来，还包括其他要素。如果一个人对未来有清晰的规划，选择时会更有效率。

　　· 优先顺序是选择时的重要考虑因素。从采取行动的必要性上看，多数要考虑时间的先后顺序。你要时常意识到什么对于目的来说是最重要的。如果对某个想法不能做出让步，那么它就是我们要优先考虑的选项。

- 保护生命安全和家人平安的选择是最终极的选择。可以稍稍从容进行的选择是预算问题，也可以说是分配问题。人们总是只顾眼前，往往到后来才发现这个选择是无益的。比起只考虑自己，进行选择时考虑身边的人或是考虑平衡，那么成功率会更高。

- 人们会通过模拟体验或者以往的经验、知识和信息做选择，但如果不想被过于丰富的信息左右，我们就必须拥有理智的选择能力。为实现瞬间做出选择的目标，平时要有意识地训练自己的选择能力，即使这次失败了，获得的经验也可以作为下次的参考。另外，使用直觉也会影响选择的速度。

- 二者选其一是折中选择，有些时候我们需要做出艰难的决定，站这一边就不能站另一边，或者选择一方就要舍掉另一方。很多时候，即使在事后我们也很难判断当时的选择是否正确。那么，为了证明自己的选择是正确的，我们要更加努力，争取得到人们的认同。

打造思考能力的基础

思考是针对疑问推导出答案的过程。养成思考的习惯，但不过度思考甚至穷根究底，这样得到的答案会让你身心愉快，也能够看到自身的闪光之处。

· 从养成经常问"为什么"的习惯开始练习思考。我们可以根据问题尽可能多地收集相关的信息（通过询问他人、观察、检索、读书等方式。总是将思考的主题记在脑中，自然就能收集到相关的信息）。

· 多方收集信息。可以从自己了解的事情、流传至今的谚语、历史的形成与事件以及事故的原因中寻找类似的事情，并将与目的接近的事情当作启示（原创的想法是很难轻易出现的）。

· 将搜集到的信息进行分类。筛选信息时，看它是否与目的和主题契合。学会信息分类，先采用关联紧密的关键词进行横向的联系和汇总，再深挖目的之间的纵向联系（其中有很多关联较弱或者完全相反的点，这些可能会在日后发挥作用）。

· 检查分类的信息是否与目的相符、是否有重复或是遗漏。如果能迅速掌握搜集到的信息的整体情况，你的动力就会更强。

· 如果得到的信息并非事实，是不能作为求解的答案的。也就是说，答案要可靠，即使答案未能符合逻辑，至少也要合乎道理。

· 客观审视答案，问自己"真的是这样吗"，了解其他的事和物为什么无效。通过这样的思考，我们能够缩小答案的范围（答案会变得清晰起来）。

· 进行校验，追问得到的结果——"所以才有这样的结果吗"，然后回到最初的疑问上，重新确认目的、主题与条件是否一致（重新审视目的是什么，是否能够应用到现实中去）。

· 最后，用确切的语言总结答案。语言越丰富，表达就越准确。如果答案需要翻译成英文，就要了解英语与日语之间思考方式的不同。用日语思考的问题，即使原封不动地翻译成英语，意思也可能发生变化。

培养直觉能力

　　"直觉能力"是指有意识地运用知识和经验，通过理解和推理立即做出判断的能力。人们通过感觉和感性来做判断，是一瞬间闪现的本能想法。没有人不使用直觉，但是否有意识地培养直觉则因人而异。

　　· 好恶分明的人会将自己的直觉放在喜欢的事物上。因为他们无视讨厌的事物，所以不会将直觉用在讨厌的事物上。

　　· 对于知识和信息不要囫囵吞枣，也不要一味地赞同周围人的评价和语言，要确认其中是否有不协调之处，做判断时要相信自己。如果有意识地进行这样的锻炼，你的直觉就会更可靠。

　　· 知识和经验也是培养直觉能力的基础，掌握知识和经验是需要时间的。通过模拟体验等方法养成经常观察事物的习惯，会帮助我们培养直觉能力。

　　· 我们要意识到，有过去的积累才会有今天的自己。要有意识地从过去的经验中寻找利于培养直觉能力的事物。

- 偶尔丢掉杂念。为了保持头脑清醒，我们可以每天整理一下思绪（到大自然中走走、洗餐具、擦地板、打扫庭院、写字等）。保持头脑清晰，直觉才会发挥作用。

- 要相信自己的灵感和感觉，多积累实际经验。无论结果如何，只要加以积累，就能培养自己的直觉能力。记住好的经验以及坏经验的解决方法，将其当作培养直觉能力的方法之一。努力提高自己，最终达到能够用理论进行说明的程度。

- 将内心挂念的事情记在笔记上，然后进行整理。笔记可以帮助人们记忆。睡眠、冥想（模糊而空白的状态）等都有助于整理记忆。如果在意的事情的答案突然出现，与其说是从天而降，不如说是在睡眠中梳理记忆而得到的。

当我们稍有些沮丧或者过于有干劲的时候，或许都是直觉在发挥作用。把这些时刻当作开始，去培养自己的直觉能力吧！直觉敏锐的人会在各种研究、练习和训练中积累丰富的经验，并能够自信地运用自己的直觉能力。

Rule 184
提高无意识行为的水准

　　大多数时候，人们都是习惯无意识地做出某些行为。因此，如果遇到不习惯的事情或者必须用心思考后再做的事情，人们就会说"好麻烦""做不到"。"做不到"的真正含义是不想做。

　　日常生活大多是在重复做同样的事，这样既不会感到疲劳，又能节约时间。可以说，好习惯和高水平的无意识行为都是很好的，但如果事关重大，不做任何思考、以自我为中心的无意识行为就会让人感到为难。一旦造成不良后果，就说自己原本没有这个打算或者完全没有意识到这些，这并不能解决问题。因此，基本的原则是要注意自己的日常行为，要有意识地采取行动。

　　当事情突然发生变化时，人们一般都会不知所措，无法做出准确的判断，但如果能够凭直觉立即采取行动，并取得好的结果，那将是最棒、最从容的做法。即使是无意识的行为，只要符合道理，就是极好的行为。如果你能按照内心所想做出判断，而且没有不妥之处，是最好不过的。老人们常说的平常而自然地生活，大概就是这种无意识的状态吧！

有的人天生就有这种"无意识"，但我们普通人必须有意识地提高这种无意识行为的水准。首先，平时要尽可能客观地看待事物，训练自己能够迅速发现事物的重要性；其次，锻炼直觉能力，填补无意识行为的不足。

孔子在《论语》中说"七十而从心所欲不逾矩"。人们在 70 岁之前，如果能在无意识（随心所欲）的情况下不做错事、不伤害他人、不做蠢事，就十分了不起了。如果人生按照 100 年计算，我们在 70 岁之前需要不断努力和修炼，这样的话，在余下的 30 年里才能够十分幸福、毫无压力地成为一个好人。一边期待，一边努力地追求达到最好的无意识状态，不是也很好吗？

生活规范 之❸ 自我提升

拥有自我提升的生活规范

为什么人们想拥有属于自己的时间？因为想要提升自我。那些想玩或是什么都不想做的人，没有提升自己的打算，因此也不会认真读这本书。

时间充裕时，想要提升自己是非常好的事情。首先，让我们思考如何把握自己的生活，如何提高自己。一边确认这些要点，一边实践吧！

Rule 185
感受生活的美

　　人们从美的事物中得到慰藉，在每天的生活中寻求与美好事物的邂逅，从美的事物中体验幸福的感觉。舒适的心情原本就是与美丽的事物和能够带来幸福的事物共存的。

　　在现代社会中，何为美是不确定的。人们经常会发出疑问：美是普遍存在的吗？美会随着时代的变化而有所不同吗？事实上，美的规律是普遍的，只是在不同的时代，人们看到的美不同而已。

　　让我们举出几个美的事例吧！美的事物潜藏于正确的、明确的、细致的以及确定的事物当中，包括在色彩和形状上具有特征的事物、契合目的的事物、保持平衡的事物、整体格调统一的事物、能够亲近的事物以及温柔的事物。严格地说，美是无论从哪个角度欣赏都让人心情愉悦的事物，而欣赏的角度则由人们自己来决定。

　　也就是说，美不是唯一的——是无论讲究豪华还是保持简朴都不会产生浪费的事物；是紧张与治愈同在的事物；是保有适当的刺激感而不会让人疲劳的事物；是不夸张、不引人注目、看似不经意却让人心情愉快的事物。

美由感受它的人来确定。如果一个人欣赏了很多美好的事物，眼光就会更好。当然，我们不能断言有名的事物就美，也不要因为别人称赞就觉得美。因为美的事物是正确的，也就没有必要凸显夸大自身的优点，平时就会因为真实而呈现出不经意的美。

幸福与美互为一体。我们不能说人们制造出来的所有艺术都美，正如不能说只要有钱就会幸福一样。无论处于哪种情况，自然的状态都蕴藏着美，这种美隐藏在生活的方方面面。

如果物品或者自然本来就很美，就会使我们的内心变得柔和，得到放松和治愈。当然不仅如此，日常生活中的行为也存在着美。

Rule 186
在日常生活中培养审美意识

有的人注意不到美丽的物品、颜色和姿态，是因为他没有意识到美。原本每个人都应该具有自己的审美意识，但他却说不知道事物美还是不美，或许是因为他认为关于美的话题不值得讨论吧。

我们要认同自己的审美，通过思考为什么自己会觉得美，培养和提高自己的审美意识。另外，看到美的事物并觉得它很美，也可以增加与他人的相互认同。

正如每个人对食物有着自己独特的喜好一样，人们对美的感觉也不一样。但如果是公认的绝美自然风景，无论哪个国家和民族的人都会觉得美。人们从高岗上眺望风景的全貌，心灵会因其广大而得到治愈，也就不知不觉地体会到风景之美。

美丽的事物有很多，但如果人们不想看，眼睛可能就会忽略。一旦你转换视角，所有的事物看起来都会很美，甚至有时只看事物的一部分也能从中发现美。你不仅要用眼睛看，还要开启五官，训练自己去发现美。

我们在日常生活中就可以培养审美意识，留心身边的事物，可以从中学到很多东西。你可以有意识地观赏美丽的色彩、精良的材料或是精湛的技术，鉴赏能力会得到提高。用自己喜欢的物品装饰房间，了解自己的审美标准。你还可以用手触摸物品，提高自己的触觉感知能力。

如果在生活中接触和使用好的物品，审美意识也会得到提高。 好的物品需要细心对待和保养，在保养的过程中也可以培养我们的审美意识。

如果你理解物品的本质，就能迅速明白哪两件物品相互搭配会更美，这样可以节约时间，同时也能减少错误。真正美的物品会治愈欣赏它的人，培养人们的鉴赏能力。

美隐藏在各种各样的地方，学会从美的物品中发现价值，是培养审美意识的开始。其他方面也是如此，如果我们能够认识到什么事物有价值，就能做出选择，减少困惑。让我们重新审视自己的审美价值观吧！

Rule 187
在清贫之美中生活

　　人们通常认为"清贫"生活是清清白白、态度端正地生活，即使生活清贫，也能做到甘于清贫。同时，我们也要明白，并非只有豪华的东西才美，有时没有太多预算也可以创造出美来。我们要自信，相信自己能够创造出不输于豪华物品的美来。

　　日本人曾经憧憬的是西式的、由财富创造出的"豪华之美"，如今这种美已经过时。当然直到今天，古人由财富创造出的美在现代社会中仍然有残留，有时我们也会欣赏这种美。但豪华之美终归有些陈旧，不适合现代社会，如今能够让所有人保持内心平静的是清贫之美。

　　能够做到勤俭节约的人，也能够保持内心的清净。一个人只有内心丰富，才能拥有无限自由。如果把内心的纯净当作自己的个性，你也可以创造出来美。对自己看到的事物和与自己相关的事物保持敬意，做到亲近这些事物，才是清贫之美。

　　"极目远眺处，鲜花凋零红叶无。海滨立茅屋，深秋寂寥

278

暮色浓。"这是藤原定家[1]吟咏的和歌，武野绍鸥[2]和千利休[3]将这首和歌视为侘茶[4]的精髓。在简朴的空间里使用昂贵的器具是没有意义的，那么使用极其简单的茶具煮茶、饮茶，又美在哪里呢？茶道的美在于宾主之间流动的气息。如果人们能够保持谦恭和纯粹，茶席间流淌的气息就是极其美妙的。

即使没有预算，生活中也要保持简约，衣装整洁，为了拥有强健的体魄吃有营养的食物，这样做就能实现清贫之美。

使用好的语言，能够改变自己对周围事物的看法。如果我们用美的语言描绘原本存在的事物，就可以感受到它的美。将日常生活变美，就能够实现清贫之美。

拥有自由而丰富的内心，是拥有清贫之美的开始。

1　藤原定家（1162-1241），日本镰仓前期歌人，著有《近代秀歌》等歌学著作，晚年校订了《古今和歌集》《源氏物语》，留有日记《明月记》。

2　武野绍鸥（1502-1555），日本茶坛名人之一，连歌师，既是千利休的老师，也是日本茶道创始人之一，深受饮茶鼻祖村田珠光的影响。

3　千利休，1522年生于日本堺市，1591年4月21日逝世，是日本茶道的"鼻祖"和集大成者，其"和敬清寂"的茶道思想对日本茶道的发展具有极其深远的影响。

4　日本茶道之茶称为"侘茶"，"侘"有幽寂、孤寂、清瘦以及凋零含义。千利休的"茶禅一味""茶即禅"等观点，可以视为茶道的真谛所在。"侘"不仅是日本茶文化追求的理想境界，也是日本审美意识中最重要的理念之一。

Rule 188
培养鉴赏能力

日本人自古以来就对"器物之美"具有很高的鉴赏力，他们认为如果拥有了适合自己且质量上乘的物品，人的动作自然而然会变美，也能表达出美丽的内心。不仅是物品自身的美，如果提高自己使用器物的技术，也会增添美的感觉。

美是隐藏于各处的。想要发现美，我们就要把简朴的生活、纯真而单纯的想法、清新的感觉以及清洁的状态都作为日常生活的一部分。

在日常生活中，我们每天都会无意识地通过五感去看、去触摸、去倾听，感受香氛、品尝美味。从现在开始，有意识地使用你的五感去感受生活吧！

哪怕一天只用 5 分钟，闭上眼不作他想，将意识集中在声音和气味上，或者是有意识地只用眼睛欣赏绘画和照片，抑或是用手触摸各种各样的布料……试着去感受这些，才是所谓的活在当下！

通过五感体验这些感觉时，要明确自己的内心感受是否愉快。用自己认同的心情去感受，就能够培养良好的感觉。

避开不愉快的感受，多接触使自己快乐的事物。例如，即使绕道而行也要去欣赏美丽的花朵，特意穿过有漂亮店铺的街道，通过平日这些小小的积累培养自己的鉴赏能力。

多用语言表达自己的感受。我们要经常有意识地去生活、去行动。为此，在亲近古典的同时也要了解最前沿的信息。无论是第一次遇到的，还是日常生活中反复接触的事物，我们都要给予关注，并要注意细节，不断养成仔细认真的习惯。

这样的行为正是磨炼鉴赏能力的第一步。

日本女性、男性的魅力

一个人想要看起来美丽，就要保持内心的纯净。内心纯净、不断追求美好事物的人的眼睛是会发光的。如果你能做到举止优雅、动作美丽，不知不觉中你的内心就会变美。比起那些得此望彼、欲望过多的人，能够控制欲望、稍加忍耐的人看起来更美。

或许人们在很多事情上都想主张自己是正确的，但适时保持沉默也是一种魅力。没有邪念的无私精神是人的理想状态。此外，保持清洁也是更具日本人特质的美。

女性的魅力体现在关心和决心上。

关心是指为对方着想，为不远的将来做准备。关心是一种综合的考量，要发挥自己的想象力，考虑周围环境的特点，了解各种各样的状况，不仅要关注看得见的事物，还要注意眼睛看不到的事物、别人内心的想法以及还未发生的事。而且这种关心起到的作用很难清晰地做出评价，无法确定是谁做了什么。曾经的日本女性就是这样默默地支撑着日本实现发展的。

即使考虑周全，人们有时也无法预料会发生什么，不知道等待自己的是怎样的境遇变化。因此日本女性还需要拥有决心：无论身处哪里，处于什么样的立场，都要保持举止优美，都能生存下去，即时刻保持美丽的状态。

男性的魅力体现在彬彬有礼的态度和丰富的情感上。

受人喜欢的男性往往是温柔的。对女性来说，男性的温柔体现在对女性能够保持敬意、举止彬彬有礼上。因为在这样的男性面前，女性也能够举止优美，心情愉快。

当男性产生了哀愁、伤感的情绪时（或许是疲于保持彬彬有礼的状态了吧），女人就会明确心意。这种内心的丰富感受会增添男性的温柔魅力，从而进一步增加男性的外在魅力。

了解日本人的文化观点

如果我们拥有自己的评价标准，并以此为指引，就可以对遇到的人和事做出判断。但是如果我们拘泥于过去的标准，就会减慢审美意识的提升速度，因此有必要不断地提高评价标准。文化活动的水平自有高下之分，人们的思考方式也不尽相同，无论你在看什么、听什么，都可以根据自己的标准去评判，从中一定能够找到自己认可的事物。

沿用旧的标准，容易导致判断失误，因此需要选择最新的评价标准。人们常说，看更多优秀的、好的事物，能够提高自己的眼光。多看美的事物，就可以懂得美的本质，这样即使是第一次看到的事物，也能看出它是不是接近美的本质。

人和事物也是一样的。如果一个人被爱包围，头脑就会得到爱的滋养；被美丽的自然景物围绕，也就能理解自然的奥妙，内心感受也会更丰盈。

人是被自然养育长大的，如果一个人懂得以自然为师，眼光也会提高，内心感受也会更丰富。从世界范围来看，日本优美的自然景色也是极其稀有的——它们多姿多彩又富有变化，无须过多解释和说明；能够包容一切，又使人内心平静。距今一万年以前，日本人就在这样幸福而美好的自然环境中生活，所以能够用温柔的目光看待一切事物，接受事物的原本模样。

接受事物原本模样，即接受现实。我们在评判事物的好坏时，不代入个人情感，才能平等地看待。我们的眼中不应存有偏见，无论对谁都应保持不变的温情。不盲从、不跟风，而是认同自己的眼光，倾听别人的意见的同时也不忘与他人分享自己的想法。

以上就是日本人的思考方式。人们的个性或许不同，但是根本的思考方式却相同。

生活规范 之❹ 自我文化

生活文化从创造自我文化开始

内心总是能被美好的事物治愈，具有这样的生活态度的人是幸福的。自古以来，日本人生活在美丽的自然中，使用的工具都是由自然的材料制作而成的，渐渐形成了日本独有的生活文化。这些工具虽然简朴，但现在看来仍然十分美丽，只不过大部分工具都因不够方便而被舍弃了。

既然如此，如果我们不能在现代创造出超越过去的美丽工具，就难以获得生活的幸福。生活在现代的我们，要创造满意的自我文化，并将这种文化与他人共享，获得共鸣，以此来塑造现代的生活文化。

Rule 191
认清美味和营养价值

　　每个人都明白用餐的重要性，但现代人的饮食过于重视食物的外观和味道。现代日本引进了世界上所有种类的料理，仿佛人们要穷尽所有吃的欲望，但制作食物时却忽视了自然的演变过程，忽视了日本的气候风土、人们的体质以及当地的食材特点等。这不禁让人产生疑问：到底我们可以相信自己的味觉到什么程度呢？

　　当然，我们偶尔也需要具有社交魅力的娱乐消遣性饮食，但人的身体真正需要的是简单而富含营养价值的家庭料理，穷尽欲望的饮食未必有营养。因此，我们不应该挑食，而是应该选择有营养价值的食材。

Rule 192
完成自我着装设计

　　热爱时尚可以说是人具有活力的根本。没有人会在考虑穿着的时候而感到忧郁。我们有必要找到穿着舒适，且符合自身生活状况的服装，找到让自己更美的服装颜色和款式，也就是说，不仅衣服本身要美，还要适合自己，这也是种"自我文化"。正式着装是适合工作的服装，工作以外的个人时间可以穿适合自己的私人服装。我们穿着的衣服，即使不是高级品牌、不够流行，也要拥有自己的风格。自然而然地，我们不仅会找到适合自己的着装，也能让我们更加自信。

　　没必要担心什么是流行，创造流行的正是你自己。思考设计的是你自己，决定自身风格的艺术家也是你自己。你也可以将街上看到的时尚女性作为时尚偶像，并将自己也打造成同样的偶像。聚餐或聚会时，如果大家都打扮时尚，自己也必须盛装出席。朋友之间相互影响，着装水平就会不断提高。

　　如果自己设计服装，就要考虑如何让自己的体型看起来更美。只要你不是模特身材，就并非所有服装都适合自己。你要严格确定服装的细节，包括长度、曲线、具体尺寸等。

不论是高级的定制服装还是快餐式时尚服装，都未必是真正适合自己的服装。你可以将古着或旧衣服改成适合自己的尺寸，然后寻找合适的人帮忙仔细缝制。

你大可不必像从前那样憧憬诱人的时尚，而是选择适合自己的服装。着装的基本原则是要让自己看起来更美，加入独特的装饰，完成属于你自己的服装设计。

发现自己创作能力的端倪，便是塑造自我时尚文化的开始。

Rule 193

生活空间是自我存在方式的表达

　　创造属于自己的居住空间便是创造自我。居住空间能够美化生活行为，而空间与行为具有相关性，我们不能只关注某一方面。

　　有人说，如果厨房很方便，就能做出可口的饭菜；相反也有人会挖苦说，即使厨房环境好，厨艺也不会变好。这两种说法都正确，但两种说法也都是错误的。

　　如果厨房变美，做饭的动力自然会增强。因为厨房舒适，所以我们愿意在其中停留。但如果只是炫耀美丽的厨房，却不想弄脏厨房，全部靠点外卖，厨艺就不会提高。事实上，如果厨房变美，给予我们更丰富的影响，不知不觉中我们一定能做出美味饭菜来。空间与人的行为相互影响，空间变美，人的行为也会更端正。

　　与他人初次见面时，我们会通过服装和举止来了解这个人。同样在住宅中，物品与自己、自己与空间，客观来看也都是同质的、等价值的。住宅是自身存在方式的表达，从中可以看到主人的见识和内心。

　　居住空间是自我表现的场所，也是不会随便示人的空间，因此有人会采取马马虎虎的态度。但我们会受到所处空间的影响，因此如果你想成为理想的自己，首先要将空间装扮得理想起来。

　　想保持自身的清洁，就要保持身边环境的清洁；想提高自身的品位，物品的形态和颜色就要有品位。你可以采用让人感觉舒适的方式配置房间物品；如果房间中有不协调的部分，就要毫不留情地去除。

　　空间的质感体现了主人自身的质感，比如品位、内心的稳定和包容力等等。空间的表达便是一个人的自我表达。

　　通过改善居住空间，我们可以体会综合展现自我的喜悦感觉。

增加母语的词汇量，
使用英语时要宽容

日语中有很多能够感动我们的和式语言，但在现代生活中，随着外来语的不断增加，日常使用的和式语言则不断减少。英语适用于商务场合，但在使用时会产生偏离说话人原意或表述不准确的情况。

我们是怎样思考的呢？答案是用语言思考，并且用语言表达思考的结果。如果掌握的母语词汇量较少，就难以用母语进行思考和总结。在用英语进行表达时，我们有必要用英语思考。如果是日常会话，使用手势和其他肢体语言也可以进行沟通，这个阶段或许不会产生沟通的障碍。

语言表达的背后，包含对生活的感受和对日常行为的理解，因此我们在沟通中采用怎样的表达方式是很重要的。如果我们能够了解交流对象的生活方式、思考方式以及彼此行为的不同，就能更准确地理解其中的意义。因此，提高自身的语言水平是我们一生的课题。

　　在海外，使用全球化的语言，就要了解对方的生活、背景文化等，以减少分歧。使用语言要温柔，好的想法要用好的语言阐述，理解他人的语言时要做到无限宽容，努力减少纠纷和伤害。

　　即使语言准确，如果不适合场合也是无益的，而人们会更期待彼此间进行宽容的对话。

学会理解和接纳

现代社会，不论是日式还是西式的事物，人们都能同样地理解、欣赏和接纳。人们可以既使用筷子也使用刀叉，尽情地享受日餐和西餐，也可以既穿西式服装也穿日式服装，来发掘自我文化。

日式和服不再只是民族服装，而是成了走向世界、具有文化意义的、合理的流行风格。我们不必拘泥于服装是和式还是西式，因为这是一个要求我们尝试理解和接纳的时代，所以不必区别对待，而是可以同时进行判断和决定。

日常生活中，有很多信息是通过视觉来接纳和领会的。美丽的风景使人内心平静，好的视觉信息能够提高人的鉴赏能力、开拓眼界，如果上升到习惯的高度，就很容易培养出接纳不同事物的能力。

如今美术馆大热，去展览会看展览、去剧院看戏剧表演、去音乐会听音乐，人们能够从中获得各种信息，这些信息刺激和促进五感的灵活性，提高我们自身的鉴赏能力。

你可以有意识地选择自己的关注点，比如欣赏绘画要看颜色，欣赏雕刻要看形态，欣赏照片要看构图，欣赏音乐要听旋律等等。

旅行中不改变日常生活的衣食住行水准是很重要的。在心情轻松的观光旅行中，人们往往选择穿耐脏且舒适的服装，但其实着装要和景色、城市保持协调一致，才能够融入自然当中。特别是参观与宗教有关的建筑物时，更需要合理选择着装。这些也都是重要的理解和接纳能力。

我们必须尽快具备熟悉和适应接纳 AI 的能力，虽然做起来很难，但却是不可避免的，这是一种更接近未来的能力。

高品质生活的定义

　　日常生活包括衣、食、住、行等方面，可以培育我们的鉴赏能力。你可以决定生活中的一切，因为你能够按照自己的意志自由行动。日常生活是唯一容许制造快乐的地方。生活中由于习惯而无意识地重复某些行为的，还是你自己。生活习惯体现了一个人的教养。如果是这样，那就让我们尝试思考，如何才能过上更好的、更高品质的日常生活吧!

　　什么是高品质? 首先是美。物品必然是要求其能够使用，具备存在的合理性。具有协调感、细致而温柔的物品、以及通过合理的整理方式、可以让人感觉到主人格调的、能够让人亲近的物品，即使并不引人注目，背后的故事也能体现出其价值。

　　比起拥有某些物品，丰盈的人生体验更重要。在漫长的人生里，我们可以品味内心的感动和精神上的快乐。例如，你花费时间做准备，让朋友们高兴的行为，就是现代社会中的生活乐趣。

　　如果你想通过知识和经验来确定高品质生活，那就有必要广泛而深入地了解时节变化。这样做也有助于提高读取信息的能力，毕竟被信息左右的人是不能读取到优质信息的。如果一个人充满知性的良好趣味，那就不会局限于"只要高级就好"的认知。具有知性的良好品位必然只会选择好的物品，现在正是考验见识的时代。

从物品的美通往心灵的美，是漫长旅途的开始。

使用美丽的措辞也会培养出美丽的心灵。我们不能确定举止和内心到底哪个先行，但是如果想要内心更美，就要先美化自己的举止；而想要举止优美，就要先美化自己的语言。语言和举止都变美，心灵也会更美。

想要获得高品质的生活，保持内心美丽很重要。

贡献社会之美

　　即使平时没有想过要为社会做贡献，大家也在为谁做着某些事。如果能够有意识地去做这些事，就会对自己的存在产生自信。

　　例如，你可以用微笑回应更多的人，这就是贡献社会之美的开始。有意识地去做，就会对身边的事产生疑问，这样做会更好吗？必须改变什么吗？贡献社会之美就从这种想法开始。正如因自我实现理论[1]闻名于世的心理学家马斯洛晚年说的那样，现在是从自我实现走向自我超越的时代。有所贡献、感到幸福才是对社会的贡献。

1　马斯洛需求层次理论是人本主义科学的理论之一，由美国心理学家亚伯拉罕·马斯洛于 1943 年在《人类激励理论》论文中提出。论文中将人类需求像阶梯一样从低到高分为五个层次，分别是：生理需求、安全需求、社交需求、尊重需求和自我实现需求。

Rule 197
拓展视野

　　每个人都有自己的想法，包括对事物的追求、生存方式、思考方式、对别人的看法以及对世界的看法等。如果想法只存在于脑海中，那么他人是无法了解的。甚至有时人们自己也无法了解自己的想法是什么——是现实还是梦幻、是否自以为是、是否能与其他人分享这种想法。这时，作为人的我们被赋予了用语言组织想法，并简明说明的能力。如果借助物品与图像进行说明，则更容易将自己的想法传达给对方。加上动作进行说明，可以进一步增加阐述的真实感觉。

　　传达方式必须保持正确、美丽、礼貌和亲切。

　　让我们培养自己更好传达想法的能力吧！为此需要关注各种事物，逐步扩大视野。视野扩大了，和人们谈话时的话题就会增加，看到的、听到的、理解的、有疑问的事情也一定会更多。扩展视野便是扩展自己的广度。

　　这些都是贡献社会之美的出发点。

培养自律性

　　日语中有这样 3 个词汇[1]：自立、自律、而立。自立是指自食其力、独当一面，不受他人支配，靠自己的力量实现经济独立。自律是指自己明确纪律，约束自己的行动，遵守自己制定的规范。而立是指三十而立，需要保证做到自立和自律两个方面。

　　人们往往只关心经济上的自立，但其实内心的自律更为重要。我们需要自己确定责任和内心觉悟的标准，这是为了避免不负责任或者过度背负责任的情况，减少给他人制造麻烦。当有人委任我们工作的时候，如果确定这是自己的工作就接受，并明确自己的责任。给他人添麻烦、让人为难、受伤甚至破坏社会规则，最终都会使自己不幸。

　　即使不走极端，人生也十分有趣。不甘于别人的支配、不满足于他人的帮助、遵从自己确立的纪律、正确管理自己的行动，都可以说是自律的表现。

1　译者注：日语中这 3 个词汇读音相同，均读作"jiritsu"。

果断抑制自己的欲望，用内心的丰富来满足自己。不要勉强压抑自己，要注意控制自己的任性，自然地做到公私有别。当你离开父母实现独立时，离开父母生活，更要获得父母的信任。

结婚不是恋爱的延长线，而是相互扶持与理解。夫妻之间相互照顾，无关照顾的质与量，而是保持永远自律和自立，即自觉意识到自己的责任，自己做决定并管理自己。

如果能够做到自律和自立，就能明确该做什么。如果能够明确自己该做什么，就不会感到有压力。按照自己该承担的责任，遵守相应的纪律，根本就在于自己该制定什么样的纪律（例如不说他人坏话等）。

Rule 199
认同自己

严于律己，宽以待人，这种理想很难实现。如果一个人严于律己，当他面对比自己年轻的人时，会由于想要促进其成长而更为严厉，他认为自己可以做到的，对方也能做到。

所谓的严于律己真的好吗？过度严格要求自己，失去了快乐，也就失去了生活的意义。凡事只要做到适度就好，所以我们做到足够自律的程度就可以了。

能够客观地看待自己，并把其当作底线也是不错的。对于自己的缺点和问题，要努力加以改进。认同自己，也包括自己的缺点。当我们面对不会的或不擅长的事时，改变自己的看法，做到坦然面对，或许这些不擅长的事日后会成为自身个性的一部分。人应该承认自己的愚蠢和滑稽，勇于承认自己的不足，承认自己其实没有什么可以自信的地方。

试着认同自己，会更容易认同别人。自卑感缘于对自己的不认同。人一旦感到自卑，对他人就会表现得冷淡，变得更加严格，具有过度的竞争意识。如果我们能够认同自己，与他人的关系就会更柔和，气氛也会更融洽。

　　帮助社会和他人，参加志愿者活动，与你富有还是贫穷没有关系。做有益他人的事，无论做得多或少，都是高尚的。

通过实践，让幻想变现实

"实现梦想"或者"描绘梦想"这些词汇听起来很美妙，能够引导人们更加积极。

室内设计的目的，是将一般人们称之为梦的东西（理想的事情）具体化，或者将无限接近理想或原本是梦想的事情，尽可能地变为现实，这是实现美的行为，也是设计的作用。

想要实现某些事，我们可以以"想做"的热情为原动力，对理想满怀幻想。有时你不去做，并且对别人说因为自己是成人所以了解自己的极限，这是由于担心自己做不到而心生恐惧，抑或是担心自己能力不够。但是所谓极限和恐惧心理，和理想是一样的，只不过是种幻想。想要就去做，理想是没有极限的。

即使如此，如果你仍然感觉到了理想的极限，那或许是因为自身想做的热情减弱了。实现梦想的想法和恐惧心理都是自己在心中制造的幻象，不要夸大这些幻象，而是要适当地保持平衡。

　　有人可以独自实践自己的生活规范，一边坚定地实践自己确定的事情，一边持续投身于志愿活动，是能够很好进行自我管理的人。他们将想帮助他人的热情，在可实现的范围内努力变为现实。

　　我们应无惧挫折，将有益于他人的热情变为现实。这种想法不能只停留在幻想阶段，而是要进行实践。通过组建团队、彼此合作，实现想法的可能性会一点点展现在我们面前，那么这些想法就不是不确定的幻想了。

Rule 201
知识、见识、胆识
是实现自我超越的立足点

　　别人的提议，不管怎样都要尝试做一次，这会帮助我们将理解能力转变为思考能力。在这一过程中，不单是积累知识，我们还可以将知识与经验结合起来思考，产生判断力，而判断力就是见识。因为见识中有经验、体验和很多的事例作为根据，所以我们从中能够感觉到比知识更重要的现实性。

　　具有执行能力的见识即为胆识。什么都不了解就想采取行动是莽撞，但了解一切却什么都不做则是懦弱的表现。如果一个有见识的人能够将见识升级为胆识，就能达到教养提升的顶层。

　　知识增加，世界会更宽广；而知识不足，视野则会更狭窄，词汇量也会减少，无法充分表达自己，心情就会变得焦躁。为了增加知识，遇到不认识的词汇时要进行调查。我们还可以整合新旧事物，考虑两者的兼容性，这样易于理解事物。你也可以按照自己的方式整理知识，这会很有帮助。

从感兴趣的事情开始。你可以考虑这些事情与过去的共通性，或与今天的联系，以及哪些是有效的。从自身必需的、熟悉的事情开始探寻答案，积累知识。

要看、要听，接下来就是要做。最近流行对事情进行模拟体验。对学到的知识进行实践，可以进一步从知识的实践中获得见识，然后转化为胆识，缩短修炼的时间。多做模拟体验，这样的体验和亲身经历一样，会产生相同的修炼作用。

比起单纯的知识，如果你具备了伴有经验的见识，就能够更快理解自己肩负的责任。适当地去做有益于他人的事，自己也能得到满足，这些经历还会成为自己的实力。如果能够发挥实力，对社会有所贡献，也是极好的事情。

在现代社会中，自我实现是人们要面对的一个巨大的课题，但不是我们的最终目的。人的幸福在于不断地提高自身的教养，在于具备自己独特的胆识，在于从中感觉到自我超越。将有益于社会、对社会有所贡献以及共有感觉作为自己心中的支柱，去实际感受活着的幸福吧！

后记

　　本书选取了提升自我教养的生活行为，以及日常生活中基本的自我存在方式，大致就其要点进行了阐述。

　　受时代飞速变化的影响，人们的教养日渐劣化。尽管时代在变化，但提高人们教养的原则是普遍适用的。当然，我们也必须考虑适合时代的生活行为及其具有的日常性，因此本书结合当今时代特色，论述如何提高人的教养。

　　衷心期望读完本书、了解本书内容的读者能够更加自信、更加从容，将自己树立为他人的榜样。如果是对明天还不确定、内心充满担忧的读者，敬请放心地将本书作为指南，人生就能开始走向好的方向。

　　曾经，人们以保持美丽、实现幸福作为自己的人生目的，以实现自我为目标。但新时代要求我们不仅要实现自我，还要思考如何以自己的方式帮助他人。这是一个自我超越的时代，如果能够做到无论何时都发挥出自己的作用，帮助他人实现人生的幸福，就能同时做到自我实现和自我超越。

有人预测，AI 和人类成为一体的时代将迅速到来，人们将更多地与 AI 接触并感觉自身能力受到限制，这是人们保持美丽、实现幸福生活的过程中将普遍面临的情况。在知名度、权力以及力量的竞争中，人们获得幸福的生活方式是保持内心的稳定和从容，内心丰盈地过高品质的生活，而不是战胜别人，这才是人们期望迎来的时代。

按照以往的经济活动来看，社会的产业发展会从奢侈产业走向幸福产业。在衣、食、住、行等生活的各个方面中，人们将会追求创造自我文化，例如艺术性的装修风格，主张自我感受的时尚风格，不再一味追求美味的饮食，而是多使用简单自然的食材。人们在和谐的人际关系创造出的美好气氛中进行美好的谈话，这就是生活中的清贫之美。

在这个自然灾害多发的世界上，我们不确定未来会发生什么，但人生百年，如何保持内心充盈，轻松、幸福、从容且美丽地生活下去，是我们切实面对的课题。我们要有培养自己强大内心和强健身体的智慧。写了这么多，我仍然觉得有必要继续深入发掘以实现自我超越为目的的、人们应该做到的具体生活行为，这样也是为了让现在还非常年轻的各位读者能够实现长寿的目标。

　　每个人都学会削弱自己的欲望，并与他人共享资源，这种想法或许过于单纯，但笔者正是期待这样的时代早日到来，因此才写就本书的。本书尚有许多不足之处，或许还有必要从其他视角出发进行深入研究，很多尚待完善的地方敬请读者谅解。

　　作为室内设计师，我写作本书的原因，是觉得在探求生活方面，设计真的能够发挥巨大的作用，但是设计的表现形式，和通过文章来传达想法的表现形式，存在很大的差异，也存在许多让相关编辑老师感到棘手的因素。本书出版时曾让 DISCOVER 出版社的干场弓子社长感到十分困扰。借此机会，对社长的大力协助深表感谢。

加藤惠美子

2019 年年初